LES INSURGÉS DU 18 MARS

JULES VALLÈS

Membre de la Commune

PAR

N. BLANPAIN

IN LABORE DECUS

PRIX : 50 CENTIMES

PARIS

E. LACHAUD, ÉDITEUR

PLACE DU THÉATRE-FRANÇAIS, 4

1871

Tous droits réservés

LES INSURGÉS DU 18 MARS

JULES VALLÈS

Membre de la Commune

PAR

N. BLANPAIN

PARIS

E. LACHAUD, ÉDITEUR

4, PLACE DU THÉATRE-FRANÇAIS, 4

—

1871

JULES VALLÈS

Parmi les déclassés de la plume, du pinceau ou de l'outil qu'a mis en relief l'insurrection du 18 mars, le plus original est assurément l'homme étrange dont nous entreprenons la curieuse et difficile biographie.

Jules-Louis-Joseph Vallès naquit au Puy-en-Velay, en 1833. Son père, brave et digne homme, remplissait au lycée de Saint-Étienne les modestes fonctions de maître d'études. Ce fut là que Jules commença ses études sous la direction paternelle; il les continua à Nantes, grâce à une bourse complète, qu'obtint de Louis-Philippe le pauvre vieux pion, et enfin les acheva, également aux frais de l'État, au lycée Bonaparte.

Plus d'une fois il s'est souvenu et a parlé avec enthousiasme de son enfance, non qu'il regrettât le collége, son amour pour les classiques n'allait pas jusque-là, — comme nous le verrons, — mais parce que c'est sur les bancs qu'il entendit pour la première fois résonner à son oreille ces deux mots magiques : République sociale ; la révolution de février 1848 venait de faire crouler un trône et de chasser le roi de Paris et de la France, et inconsciemment Vallès saluait la sanglante déesse à laquelle il devait plus tard vouer un culte... intéressé.

Il a raconté... après coup, ses impressions quand le peuple, représenté par un peintre en bâtiment, précurseur du Courbet de la Commune, gratta le mot ROYALE sur la plaque bleue du coin de la place ; quand les mains plébéiennes hissèrent l'arbre de la liberté tout enguirlandé de rubans et de drapeaux tricolores. Jules qui, entre deux versions, avait lu l'épopée de 92, sublime au dehors, sinistre au dedans, s'étonnait qu'au pied de ces monuments publics au fronton desquels venait de renaître cette fière devise : LIBERTÉ, ÉGALITÉ, FRATERNITÉ, — si mal comprise et que les révolutions ont toujours si mal appliquée, — on n'eût pas dressé l'échafaud en permanence et qu'on ne dansât pas la carmagnole autour des condamnés salués par l'air de : *Ça ira.* Il protesta du moins pour sa part contre cet oubli des traditions sanglantes, en poussant de sauvages applaudissements à la destruction des derniers vestiges monarchiques.

Pourquoi, hélas ! ne s'en tint-il pas, lors des tourmentes sociales qui suivirent, à cette protestation bruyante, mais en définitive peu dangereuse ?

Des rêves de grandeur et de renommée avaient hanté sa couchette de collégien et, dans ses entretiens avec ses compagnons de classes, il ne cachait pas plus ses aspirations de fortune, de gloire et d'honneurs, qu'il n'épargnait les coups de poing aux faibles et les virulentes satires aux nobles et aux riches. Aussi, le futur réformateur social avait-il peu d'amis parmi ses condisciples.

D'un caractère entier, mauvais, suscep-

tible et rageur, il ne pouvait souffrir ni su-
périorité ni contradiction. Homme, il est
resté ce qu'il était enfant.

« J'étais, raconte-t-il, un affreux écolier
aux souliers mal lacés, aux doigts pleins
d'encre, débraillé et fiévreux. »

Tel il était collégien, tel il est homme de
lettres. Nature fiévreuse, conduite décou-
sue, propre par boutades, quand lui vient
le dégoût du ruisseau, mais généralement
vêtu d'un costume s'effilochant en haillon.

Ses études finies, il lui fallut faire trêve
aux rêves ambitieux et compter avec les
réalités de la vie. En attendant les lauriers
de la gloire, le jeune Vallès dut se conten-
ter de la férule de pion, dont l'arma le pro-
viseur, avec la faculté de s'en servir le
moins possible, restriction qui contrariait
singulièrement le penchant frappeur de
notre jeune démagogue.

Qu'on juge du fiel qu'amassa son cœur
dans cette position infime qui le rendait le
jouet, la risée, le souffre-douleur, le mar-
tyr des élèves !

A cette époque, quoique pion, il reven-
diqua, par un duel avec le dominicain

Poupart-Davyl, depuis imprimeur du Sénat, et... plus tard, capitaine... de la garde nationale, son droit aux prérogatives de l'homme libre pouvant disposer de sa vie et même de celle d'autrui, à propos de tout et de rien.

A la mort de son père, dont la succession fut des plus minces, Vallès abandonna le lycée de Nantes sans escorte de voiture de déménagement et, pauvre d'argent et de bagage, mais riche d'orgueil et de confiance en sa valeur personnelle, prit le chemin de Paris, — le chemin de la fortune, il le croyait du moins.

Paris, la ville enchanteresse, la cité féerique, n'a-t-il pas en effet de l'or pour les avares, des honneurs pour les ambitieux, des ressources pour ceux qui n'en ont plus... en province?

C'était en 1849. Vallès se prépara quelque temps à l'école normale supérieure; mais cette vie de labeur incessant dans laquelle il faut marcher « par le chemin tout creux, tout long, en suivant la queue », le fatigua bien vite.

Il avait retrouvé à Paris d'anciens condisciples et se lia avec quelques étudiants exaltés. De concert, ces jeunes gens ourdirent un complot, non contre la vie, mais contre la liberté du président de la République dans lequel leur haine pressentait un futur César.

Leur plan était des plus simples : quatre des conjurés, durant une promenade de Louis-Napoléon, lui sauteraient à la gorge, le bâillonneraient, le jetteraient tout ficelé, comme un colis, au fond d'un fiacre stationnant aux environs, et..... fouette, cocher !...

Les autres se chargeraient du prince Jérôme qui, d'ordinaire, accompagnait Napoléon, et des domestiques et des agents, si le tumulte en amenait.

Toutefois, avant de procéder à cet *emballement*, digne, par sa conception, des héros du regretté vicomte Ponson du Terrail, les conjurés demandèrent conseil au représentant Lagrange qui les engagea à y renoncer. Selon lui, ce projet, outre son *illégalité*, pouvait mener loin et entraîner mort d'homme.

Diable ! on n'avait pas songé à cette

complication ! on promit de réfléchir, et... le prince président devint empereur.

Néanmoins, la police eut vent de ce complot et Vallès, incarcéré à Mazas, put réfléchir à loisir aux désagréments des conspirations éventées.

Que de fois il regretta amèrement l'inexécution de son projet d'enlèvement ! Un fiacre, un cocher patriote, — au besoin il eût lui-même monté sur le siége, — et le neveu de *l'autre* n'escaladait pas le trône !

Plus tard, dans un article du *Courrier de l'intérieur*, que le gouvernement lui paya par quelques mois de prison, il avoue que « chaque fois que l'empereur, entouré de ses généraux, passait devant lui, un peu de pâleur lui venait au front. »

« Nous sortions en 1850 du lycée; en 1851, nous étions déjà des vaincus. » Tel est son cri de découragement et de sombre orgueil en apprenant que Bonaparte, dans une bagarre sanglante, lui avait soufflé sa première maîtresse, la République.

Rendu à la liberté sans jugement, comme le plus inoffensif des conspirateurs, Vallès devint secrétaire de Gustave Planche, ou plutôt il en prit le titre, car le célèbre critique écrivait lui-même ses articles sur la table du bouge où il prenait ses repas et quantité de petits et de grands verres.

Vallès reprit bientôt la carrière de l'enseignement et après avoir erré de pension en pension, courant et le cachet et les affronts, il accepta à la mairie du X° arrondissement une place d'expéditionnaire.

Le pain quotidien assuré, il songea à assouvir sa haine. C'est sur sa plume, taillée en stylet empoisonné, qu'il comptait pour réaliser ses rêves d'écolier et pour attaquer traîtreusement tout ce qui était au-dessus de lui : Dieu, le génie, la naissance, la famille, le pouvoir !

Ce forcené souilla tout de sa bave enragée.

Entre-temps il donna des articles dans différents journaux, mais ses vrais débuts dans la presse datent de 1857.

A cette époque, retiré à Nantes afin de rétablir sa santé ébranlée, il travaille à un pamphlet étrange, intitulé : L'ARGENT, par un homme de lettres devenu homme de bourse.

Sur le point de le mettre en vente, Vallès ne peut payer les frais d'impression.

— Restez chez moi pendant un an, lui dit M. Jumelais, imprimeur à Nantes, et je vous livre les mille exemplaires de votre volume.

Vallès y consent et, le pamphlet une fois en route pour Paris, il ne tarde pas à le suivre, sans plus se soucier de sa parole que de sa dette.

Cette brochure était dédiée à Mirès.

Je profite de cette dédicace, disait l'ancien secrétaire de Gustave Planche, pour demander une bonne fois à ce qu'on change d'opinion sur la pauvreté! Ces messieurs du roman et du théâtre lui accordent presque le monopole de la vertu, la font douce, courageuse et belle.

Qu'on le sache donc, il ne peut y avoir de vertueux, d'aimable et de distingué que les gens riches!

Elisa de Roncourt, avec sa robe fanée, son pâté de douze sous pour deux, sa résignation pleurarde et son père stupide, Elisa de Roncourt me fait mal au cœur. Je crève d'ennui dans ces ménages d'employé honnête, de professeur à 1,500 francs, de teneur de livre où la soupe cuit sur le poêle.

Les demoiselles bien sages qui balaient la place, vident le pot, épluchent les oignons, ces filles-là, aux doigts grêles par le travail, sans bijoux et sans crinoline, me font peine à voir, et leurs pères sont des lâches de ne pas remuer ciel et terre pour gagner de quoi les garder bien belles. . . . . . .

. . . .

Je crie comme le ministre du roi citoyen, continue-t-il dans cette préface ironique, au style nerveux et haché : « Enrichissons-nous ! » A l'œuvre ceux qui n'ont rrie ! Qu'ils fassent un paquet de leurs hardes, qu'ils ramassent leurs vestes, et à la Bourse !

Vive l'argent !

Faisons de l'argent, morbleu ! Gagnons de quoi venger le passé triste, de quoi faire le lendemain joyeux, de quoi acheter de l'amour, des chevaux et des hommes.

Sur la couverture, jaune d'or, se détachait une pièce de cent sous avec cette devise :

« Je vaux cinq au contrôle et cent dans la coulisse. »

Un critique a dit dans l'analyse de ce livre étrange :

« Il y a là de la fièvre, de l'énergie, un

sans-façon brutal, des paradoxes odieux, une ironie froide, calculée, des désillusions malsaines. Cela navre, cela écœure, et cela se fait lire parce que cela a le diable au -corps..... Pourquoi faut-il donc qu'un écrivain trempé de la sorte se fourvoie ainsi dès le commencement de sa carrière ? »

Mort depuis, l'homme à qui était adressé ce livre, disparut, — terrible revanche de la fortune violée, — sans plus de bruit que n'en eût soulevé le décès d'un de ses anciens employés. Il était oublié et... ruiné! Et pourtant il avait régné.....

Né pauvre lui-même, Mirès avait longtemps fait la chasse aux pièces de cent sous et avait amassé tant de millions et d'influence, qu'attirer son attention était une grande chance de fortune.

Vallès qui avait donné pour stimulant à son ambition l'exemple de l'extraordinaire prospérité du célèbre financier, ne l'ignorait pas.

L'argent! c'était son obsession, son cauchemar. Vive l'argent! c'est là le cri de guerre qui retentira lugubrement dans sa lutte contre la société; c'est avec cet ob-

jectif qu'il saisira sa plume et descendra
dans l'arène littéraire !

Riche, c'eût été un joyeux compagnon,
ouvrant sa bourse et tendant son verre à
ses amis; jamais il n'eût songé ni à l'Internationale ni à la Commune ; jamais il ne
fût devenu le courtisan du voyou, le chan-
tre de la guenille ; mais, malgré ses efforts,
malgré ses adorations , jamais la fauve
déesse ne livra son corps aux lèvres de
l'ambitieux affamé de volupté, aux étrein-
tes ardentes de ses bras fatigués de pour-
suivre un fantôme insaisissable.

Vallès se vengera des rigueurs de la fortune ; ne trouvant pas dans sa poche de
quoi acheter « de l'amour, des chevaux et
des hommes, » déçu, il ouvrira son cœur
à la haine, decendra dans la rue, se rou-
lera dans la boue et ameutera la populace
envieuse contre la tribu aristocratique des
heureux.

Ah ! que cet homme, à l'immense orgueil, a souffert de ce rôle de charlatan,
que de fois il a dû s'éloigner avec dégoût
de ces misérables qu'il haïssait profondé-
ment et que pourtant il conviait, à coups

de grosse caisse et à grand renfort de boniment, aux agapes républicaines de la fraternité !

Si, trompant son espoir, cette brochure n'attira pas sur lui l'attention de l'omnipotent Mirès, la critique du moins fit à l'auteur l'honneur de discuter son œuvre et de reconnaître son talent, malsain, mais réel. C'était là une victoire incontestable ; elle lui ouvrit les portes du *Figaro* dont une colonne lui fut accordée pour une chronique sur le cours de la rente et les opérations de Bourse.

C'est à cette époque que nous le vîmes pour la première fois. Il prenait ses repas chez un marchand de vin de la rue Larrey, où une table chargée de tout ce qu'il fallait pour écrire et pour se griser lui était réservée.

Le patron de l'établissement qui peut-être avait deviné la future grandeur communale de son client, ne lui chicanait pas trop ni les vivres, ni l'encre, ni l'absinthe et Jules usait du crédit ju   '' l'indiscrétion.

C'est dans ce bou   ''c'est sur cette table boiteuse, toute m en ée de graisse et de taches de vin que Vallès qui, en 1857, ne songeait guère à se faire le courtisan du pauvre peuple et encore moins à le cultiver pour s'en faire des rentes, écrivit, croyons-nous, quelques-unes de ces critiques mordantes qui parurent au *Figaro* sous le titre de *Lettres de Junius* et qui eurent un grand retentissement.

Le bruit s'était fait autour du nom du jeune débutant; une nuée de bohèmes et de *fruits secs* s'abattit autour de la table du marchand de vin où il ruminait ses articles et dévorait son classique ordinaire avec un appétit digne d'une plus copieuse et moins coriace pitance. Heureusement pour l'ancien maître d'études, si son ventre était encore la victime de son passé précaire et obéré, son orgueil du moins se gonflait des promesses de l'avenir que faisaient épanouir en son âme les louanges outrées de ses fidèles.

Il y eut alors un rapprochement entre Vallès et Poupart-Davyl. Ce dernier, qui avait jeté le froc aux orties, eut l'honneur de devenir l'ami et le collaborateur de son ancien adversaire de Nantes.

De cette collaboration sortirent, armés de pied en cap de tronçons de vers et bardés d'hémistiches, des drames en cinq actes que l'Odéon eut l'indélicatesse de refuser, bien qu'ils eussent fait les délices des cénacles littéraires de la rive gauche où une pléiade de jeunes poëtes lisaient leurs élucubrations romantiques.

D'ordinaire, ces lectures se faisaient au café Andler, rue Hautefeuille, à la pension Laveur, rue des Poitevins, ou dans une chambre d'étudiant, au milieu des moos, de la fumée des pipes et parfois des rires mal étouffés.

C'était l'ère du *grand* Glatigny, du beau Mendès, du farouche Pierre Denis, du caustique Bataille, à la mèche rebelle et au doux chien, du funambulesque Banville, du lycanthrope Beaudelaire, du bachique Pierre Dupont, — j'en passe et point des meilleurs.

Souvent, cette bande joyeuse, après un déluge de grands et de petits *vers* contre les tyrans, contre le paupérisme et en faveur du droit des travailleurs, à la vie et au capital, s'en allait, chansons et pipes à la bouche, achever la soirée au jardin Bullier. Banville enluminé dansait alors sur la tête ; Glatigny cherchait une nymphe dans les bosquets ; dans tout étudiant en goguette, Pierre Denis voyait un mouchard déguisé et, de dessous son béret crasseux, lui lançait un fauve regard ; arrêté devant le mollet magique de Finette, Beaudelaire se prenait à scander funèbrement les vers de *la Charogne;* quant à Vallès, la lèvre retroussée et les narines froncées, il rôdait autour des municipaux comme un roquet hargneux autout d'un molosse indifférent.

De cette pléiade, quelques-uns continuèrent, en l'honneur des étoiles, à faire becqueter amoureusement les rimes masculines et les rimes féminines ; les autres s'embarquèrent sur la mer tourmentée de la politique.

Vallès qui, dans le but de se consacrer tout entier à l'absinthe et à la politique, avait déserté son poste d'expéditionnaire à la mairie du Xe arrondissement, fut forcé, pour vivre, de se mettre aux gages de certains libraires dont les livres ont pour ré-

sultat immédiat l'abrutissement des campagnes.

Ces choses sans nom et sans dignité,
tout à la louange des gouvernants, ne se
signent pas. Il serait cependant d'une
grande utilité pour l'édification des républicains d'en démasquer les auteurs. Que
la désillusion se ferait vite alors sur certains héros populaires qui se posent en
martyrs des tyrannies royales ou impériales!

J'ai connu un républicain farouche qui
ne pouvait, sans pousser des cris de fureur,
entendre prononcer le nom du héros du
2 Décembre et qui, dans les clubs, ne per-
dait jamais une occasion de demander, aux
applaudissements frénétiques de l'assemblée, la tête de Bonaparte, les entrailles de
Rouher et le *cœur léger* d'Ollivier.

Eh bien! ce citoyen, dans un livre signé
d'un nom emprunté au calendrier de la
fantaisie, avait lancé un jet continu de
louanges sur la famille régnante. Quel coup
d'encensoir d'ailleurs que le titre : LE LIVRE
D'OR DE LA FAMILLE IMPÉRIALE. Selon l'auteur, aussi anonyme que peu républicain,

l'assassin d'Auteuil et Jérôme Napoléon n'étaient rien moins que des héros; le père et la mère de l'empereur des tourtereaux ; quant à Louis-Napoléon, un dieu qui avait daigné descendre de l'Olympe pour sauver la France, et Eugénie une sainte femme qui n'avait accepté la couronne et la couche impériale que pour régénérer notre patrie.

A l'aide de primes alléchantes : pendules, revolvers, sabres, etc., des gardes champêtres et des colporteurs vendirent cette ordure sans dignité et sans style à plusieurs milliers d'exemplaires, — presque autan que les prétendus *Mémoires de Tropmann*, — et infestèrent plus d'un million de braves campagnards.

Et Paris, qui souffle cette peste sur la province, qui inocule aux campagnes le poison dynastique et la sainte horreur des révolutions, ose reprocher aux paysans le plébiscite du 8 mai !

Ah! misérables auteurs, c'est vous qui perdez la République et vous n'avez même pas le courage d'endosser la responsabilité de vos crimes ! Quand donc naîtra-t-il un Juvénal vengeur qui, vous marquant à l'épaule de son vers enflammé, dira au peuple abusé en vous arrachant votre manteau trompeur :

— Voilà ce que sont tes idoles !

Vallès était d'une nature *cascadeuse ;* du *Figaro* il passe comme chroniqueur à la revue *le Présent* et fonde avec le comte Henri *de* Rochefort *la Chronique parisienne,* feuille autographiée dont le but était de donner des renseignements artistiques et littéraires aux journaux de province. Il reparaît en 1860, au *Figaro* avec un de ses meilleurs articles : *Le Dimanche d'un jeune homme pauvre ;* puis un an après avec les *Réfractaires* où l'auteur, avec un cynisme écœurant se déshabille et se met tout nu devant le lecteur. D'ailleurs, dans tout ce qu'il écrit, il s'est toujours pris pour sujet d'étude... et quel sujet !...

C'est lui le jeune homme pauvre, lui le réfractaire, lui l'irrégulier, lui le fusillé de Juin, lui l'enfant tué dans les bras de sa mère par un lignard ivre de sang et de poudre. C'est pour lui aussi que Buffon a dit : « Le style, c'est l'homme. »

Des jambes courtes et grêles, un buste

maigre surmonté d'une tête accidentée de
bosses et de creux, à la barbe inculte et
aux cheveux noirs ébouriffés, tel était
Vallès. De son front haut, carré et noueux,
rayonnaient l'intelligence et un sauvage
orgueil. Ses yeux ronds, bruns, inégale-
ment fendus, striés de filets sanguinolents,
lançaient un dur regard de derrière les
replis des paupières ridées. Le nez aux ailes
fines et pincées était assez gros et tombait
droit sur d'épaisses lèvres rouges. Sans
être sympathique, sa figure bilieuse attachait, comme une énigme dont la bouche
tordue par une grimace sarcastique va dire
le mot curieusement attendu : le sphinx
parle d'une voix amère, saccadée, mais
claire ; à travers ces phrases hachées gémit
le sanglot d'une âme vaincue, passe l'écho
des souffrances endurées, des cris arrachés
par la faim, des désespoirs accumulés, des
défaites successives, des longs rêves brisés.
Cette énigme a deux mots : impuissance et
découragement, misère et envie haineuse.

Comme une opération chirurgicale, la
langue de cet homme fascine l'auditoire
par l'horreur : sa parole est comme un

scalpel, elle étale devant vous tous les ulcères sociaux, fouille dans les plus profonds replis de l'égoïsme humain, crève sans pitié tous les amours-propres gonflés de suffisance et dépouille le cadavre de l'humanité de son dernier vêtement, de son dernier lambeau de chair, de son dernier mensonge !

—Avait-il au moins un cœur, ce monstre antiphysique? me demande une lectrice curieuse.

Question embarrassante, question inéluctable pourtant, puisqu'au tribunal du beau sexe l'amour est sinon une preuve de non-culpabilité, au moins une circonstance atténuante admise en faveur de tous les crimes, même de celui de laideur.

Quoi qu'il en soit, malgré sa laideur, notre héros fut aimé.

Combien de gars aux formes sculpturales où le ciseau classique de Phidias n'aurait rien à retoucher, peuvent se faire gloire d'une pareille bonne fortune?

Vallès qui s'était élancé dans l'arène littéraire avec ce cri pour chant de guerre: « De l'argent ! gagnons de quoi acheter de l'amour », une femme l'aima avec le plus absolu dévouement et sans qu'il en coûtât à l'écrivain le prix du plus mince de ses articles.

Comment ma voisine, cette enfant si belle, si distinguée, si vaillante au travail, aima ce phénomène de laideur, ce corps sans cœur, cette âme occupée d'ardentes convoitises et travaillée des désirs du luxe et de la fortune, c'est ce qu'il nous serait difficile de dire.

Peut-être, se sentant seule, par une de ces ravissantes soirées de printemps, alors que le cœur et l'oiseau vous disent tant de choses, se prit-elle à rêver, elle aussi, aux enchantements d'un nid à deux, aux ivresses des langoureuses promenades sous les arbres et dans l'air embaumé du Luxembourg, alors que la hache sauvage des démolisseurs n'avait point encore attaqué les avenues ombreuses de la Pépinière ; toujours est-il qu'une nuit, — bien tard, — la pauvre fleuriste s'endormit dans les bras de Jules et qu'elle se réveilla, un peu confuse, mais bien heureuse ! et que, dès l'aube, elle se leva, se mit au travail, doucement, de peur de réveiller celui dont la voix enchanteresse avait ouvert devant ses yeux ravis le rose horizon du bonheur.

Jules dormit longtemps et, à son réveil, sur la nappe bien blanche s'étalait un déjeuner bien modeste mais aussi bien appétissant, — le déjeuner de la grisette, — flanqué d'une bouteille de vin fin, au goulot coiffé d'un cachet vert, — prix d'une journée de travail.

On s'assit en face l'un de l'autre, mais si étroite était la table qu'en se penchant un peu les lèvres touchaient les lèvres ; les amants en firent plus d'une fois l'expérience et le repas fut ponctué de plus d'un baiser ; il y eut même un entr'acte où l'on se jura de s'aimer toujours.

Toujours ! Serment d'amoureux !

L'amant adorait le *farniente,* il se laissait aller à dormir la grasse matinée ; parfois il se plaisait à regarder les fleurs naître sous les doigts agiles de sa maîtresse ; parfois, quand l'inspiration emplissait son âme de pensées, de son lit, il dictait les phrases sonores, les tirades enfiévrées, les périodes aux mots bizarres, et l'amante ravie écrivait.

Cette ivresse dura un printemps. Puis advint l'oubli, le lâche abandon.

Le *Figaro* avait confié la rédaction d'un numéro entier à Vallès qui, sa copie livrée, passa à la caisse et ne revint plus au logis de ma voisine. Comme le corbeau biblique, il avait trouvé hors de l'arche où, dans les jours de misère, il avait élu domicile, une pitance assaisonnée de bocks et d'orageuses discussions politiques.

L'enfant délaissée attendit longtemps.

Le jour à sa fenêtre, d'un regard mouillé explorant la rue, la nuit à sa porte, écoutant les tintements de la sonnette du concierge. Au moindre bruit, debout, anxieuse, une bougie à la main, elle s'en venait, pantelante d'émotion, interroger d'un œil avide la sombre spirale de l'escalier. A mesure que le pas attardé d'un locataire montait les marches, son cœur précipitait ses palpitations qui s'arrêtaient soudain quand, aux étages inférieurs, s'éteignait le bruit.

Nous occupions seuls, ma voisine et moi, le cinquième et dernier étage.

Que de fois, alors que les cafés fermés me forçaient de regagner mon logis, que de fois j'ai surpris la pauvre fleuriste veillant, attendant, lui donnant peut-être moi-même, — involontairement, — une minute d'espoir : je devinais combien plus amère encore serait pour cette martyre de l'amour cette nouvelle déception.

— Oh! mon Dieu! murmurait-elle alors dans un sanglot, ce n'est pas encore *lui!*

Et elle rentrait dans sa chambre désolée, pleurant, embrassant ces mille objets touchés par l'absent, — dédaignés autrefois, caressés aujourd'hui et bientôt sacrés comme des reliques d'amour, — ravivant par là sa douleur au feu brûlant des derniers souvenirs, des derniers baisers !

Pauvre femme ! un long mois, elle écouta ainsi les bruits du dehors, les tintements de la sonnette, le pas alourdi des locataires; elle ouvrit chaque nuit son cœur et sa porte à l'espoir qu'aussitôt refermait sur le vide la main cruelle de la réalité.

Puis un soir, ma voisine ne monta point sa faction amoureuse, ni la nuit suivante.

En revanche, le matin je vis sortir de chez elle un homme tout de noir habillé.

— Un médecin! pensai-je. Serait-elle malade?

La clef était sur la porte, j'entrai.

Ma voisine était couchée. À ma vue, elle cacha, toute rougissante,

Huic manat tristi concius ore rubor,

sous son oreiller un petit carton, — une photographie sans doute, — qu'à mon arrivée elle tenait sur ses lèvres.

Après m'être excusé de mon indiscrétion :

— Où souffrez-vous? lui demandai-je.

— Là, me répondit-elle en me montrant son cœur. Ah! reprit-elle après un moment de silence, qui eût pensé que l'oubli viendrait si vite! C'était mon seul bonheur, à moi, cet amour! et maintenant... Mais il reviendra, n'est-ce pas?

— Belle comme vous êtes, répondis-je, à moins d'être un rustre, on ne peut vous oublier.

— Vous croyez! J'ai voulu espérer, mais il y a déjà plus d'un mois, — un siècle, — qu'il m'a quittée. Quand il n'aura plus d'ar-

gent, il reviendra, me disais-je d'abord.
Les jours ont passé et l'argent de son article doit être englouti, — car il ne compte
pas quand il est riche, — et personne, pas
même une lettre d'adieu ! Tenez, mon
voisin, j'ai beau leurrer mon amour de
toutes les raisons possibles, je suis abandonnée, oubliée, et moi je l'aime toujours.

Et la pauvre fleuriste reprit le carton
qu'elle avait caché à mon entrée et le cou-
vrit de larmes et de baisers.

C'était en effet un portrait, la photographie du transfuge.

— Je devrais brûler cela, reprit-elle,
mais je n'en ai pas le courage ; c'est la photographie de ce *monstre*, comme il s'appe-
lait lui-même. Voyez, il n'est pas beau,
n'est-ce pas ? mes yeux le disent à mon cœur,
mais mon cœur ne les veut point croire.

Je pris le portrait. C'était bien là cet
homme, parlant toujours de soi, qu'André
Gill a représenté en chien traînant une
casserole derrière le corbillard d'un pauvre, cet homme qui, la nuit de l'exécution
de l'assassin Philippe et après avoir vu
rouler sa tête sur l'échafaud, avait de-

mandé et obtenu la *faveur* d'aller visiter
la cellule du supplicié et de s'asseoir sur
son lit encore *chaud*.

Au bas de la photographie, Vallès avait
tracé ces vers :

C'est bien la mine bourrue
Qui dans un salon ferait peur,
Mais qui, peut-être, dans la rue,
Plairait à la foule en fureur.
Je suis l'ami du pauvre hère
Qui, dans l'ombre, a faim, froid, sommeil,
Comment, artiste, as-tu pu faire
Mon portrait avec du soleil?

— Oui, reprit la fleuriste en examinant
à son tour le portrait, le voilà bien cet
homme que l'ambition de parvenir mène-
rait à toutes les hontes, cet homme qui
m'a perdue, — car c'est bien fini, voyez-
vous, mon voisin, — je ne pourrais plus
travailler maintenant, sinon pour lui,
comme autrefois, — eh bien ! cet homme à
qui j'aurais obéi, m'eût-il même ordonné
un crime, cet homme qui m'a laissée là,
comme fait l'ivrogne d'une bouteille vide
qui ne peut plus lui donner l'ivresse, cet
homme, je l'aime encore, je n'en mourrai

pas, sans doute, mais jamais plus je n'aimerai et pourtant, — comprenez-vous ça, mon voisin ? ajouta-t-elle avec un éclat de rire nerveux, — je vais m'établir *marchande d'amour.*

En vain j'essayai de rendre à ma voisine l'espoir, le courage et de relever son moral affaissé.

— Non, non, m'interrompit-elle, j'ai peur de la misère. Qu'ai-je à perdre maintenant ? Ne suis-je pas une *fille !*

La pauvre fleuriste, rendue à la santé, désapprit, en effet, le chemin de l'atelier. Une nuit même, elle ouvrit sinon son cœur du moins son lit à un nouvel amant. Mais elle n'oubliera jamais l'*autre* dont la photographie ne la quitte pas, même quand elle ouvre ses bras à de nouveaux baisers.

Te tenet, absentes alios suspirat amores.

De cette enfant Vallès fit une *fille* comme il devait plus tard faire de la République la Commune !

Son article des *Réfractaires* dont il fit plus tard un livre, étale aux yeux du lecteur des misères inconnues des bureaux

2.

de bienfaisance. Les réfractaires, ce sont ces impuissants qu'une instruction incomplète, l'orgueil ou la paresse jette, éperdus et affamés, du collége dans la vie et qu'un long cortége de déceptions, de souffrances, conduit au crime ou au suicide.

Cette œuvre fut remarquée ; l'ancien expéditionnaire commençait à être coté dans les valeurs négociables de la bourse littéraire.

La Liberté et *l'Époque* acceptèrent sa collaboration. Hélas ! M. de Girardin apprenait bientôt, par le plus menaçant des communiqués impériaux, ce qu'il en coûtait d'offrir l'hospitalité à la plume rageuse du jeune bohème et il le pria, assez cavalièrement, de porter ses articles chez le voisin.

Lorsque parut *l'Evénement,* M. de Villemessant confia à Vallès une chronique quotidienne sous le titre général de *la Rue.* « Je ne demande pas au ciel, commence le chroniqueur, qu'il y ait exprès pour moi des éboulements, des empoisonnements, des assassinats ; mais, puisqu'il ne peut les empêcher, j'en contemple avec tristesse l'horreur et j'en retrace l'affreux tableau.»

Certes, il y a de l'humour dans ces lignes, il y a même de l'émotion ; surtout lorsqu'il parle de cette rue qui va passer *comme un malheur* à travers la pépinière du Luxembourg; « le coup de hache me fera mal, et je souffre à penser qu'on va faucher ces fleurs »; mais c'est de la fougue, de l'audace, de l'émotion à froid ; ses violences sont voulues; il calcule la portée de ses mots, il ignore ou ne met pas en pratique ce précepte d'Horace :

Si vis me flere, dolendum est primum ipsi tibi.

C'était un rude labeur pour Vallès qu'un article quotidien; mais aussi quel appât que ces dix-huit mille francs d'appointements qui lui permettaient de trancher du grand seigneur, de planer en génie au-dessus des autres rédacteurs et de s'arranger une existence à sa façon. Il eut un tailleur, une maison à la campagne et ne permit plus au pauvre hère de le tutoyer. Avec la fortune, le Spartiate par nécessité était devenu Sybarite par goût. Il avait loué une petite maison à Louveciennes où fréquemment Courbet venait le relancer.

Le soir, on suivait la Seine en maudissant les rossignols dont le peintre d'Ornans trouvait le chant absurde ; on regagnait insensiblement Paris et l'on allait oublier le travail dans le vin et la bière à la pension Laveur, située rue des Poitevins.

Un dieu échappait à la haine que Vallès avait vouée au passé, dieu que, pleins de leur sujet, ont chanté les poëtes ; dieu que Noé a fait jaillir d'une grappe parfumée et qui tient un cep en guise de sceptre ; dieu à qui font leur cour aussi bien les monarques et les empereurs que le dernier goujat de la bande archigalonnée des communards ; ce dieu, c'est le vin.

Plus d'une fois, il arriva à notre héros de prouver son culte sur le fameux autel Laveur où, sous les deux espèces, moyennant deux francs par tête, gloria compris, ont communié tous les bohèmes de notre époque.

Un jour, durant le dîner, un jeune sculpteur s'avise de plaider devant ce tribunal prévenu la cause de l'art antique.

— Qu'y a-t-il, conclut l'avocat dont un méprisant silence avait jusque-là accueilli la plaidoirie, qu'y a-t-il de plus gracieux, de plus noble et de plus divin que le vase étrusque?

A cette demande, Vallès se lève, beau d'indignation, et d'une voix à laquelle le ventre prête le concours de sa reconnaissance :

— Il y a le litre ! tonne-t-il.

Vallès se laissait aller volontiers au courant de cette existence panachée de bière, de vin, d'absinthe, de discussions artistiques et politiques et de dix-huit mille francs de traitement, mais le travail s'allie mal avec les émotions de la brasserie. Peu à peu la copie se fit rare et laissa percer de nombreuses négligences de style.

Le Prussien Albert Wolf qui guettait l'occasion et les appointements enviés du chroniqueur, profitant de cette irrégularité, poussa une reconnaissance dans les bureaux de *l'Événement* et fit une pointe contre Vallès. Sentant venir l'heure de la défaveur et du congé, ce dernier eut alors la bizarre idée d'en appeler par un plébiscite aux lecteurs de ce journal sur le maintien ou la cessation de sa chronique. Hélas!

fatigués de ce style étrange, les lecteurs votèrent la déchéance du chroniqueur qui, remercié, retomba du Pactole dans le ruisseau et redevint Vallès comme devant.

Après une longue absence, il reparut au *Figaro* avec les *Lettres d'un Irrégulier*, où il met, encore et toujours, en scène son orgueilleuse personnalité.

A ceux qui l'accusaient de vanité :

— Eh! mon Dieu! on n'entre pas dans la carrière des lettres par modestie, répondait-il.

Si on lui reprochait de ne pas sortir de la rue, de cette adoration du laid, de cet amour du bizarre et de regarder continuellement dans l'égout, il se justifiait par cet aveu d'impuissance. « Ah! je n'aurais pas parlé des monstres si j'avais pu viser plus haut, ne pouvant toucher à ceux qui conduisent le char, j'ai couru à ceux que le char bouscule ; je veux représenter les douleurs, les misères et les espérances de ma génération, la génération la plus maltraitée de l'histoire. »

De cet aveu d'impuissance, de cette conviction, péniblement et douloureusement

acceptée par son orgueil, que ses ailes ne
sont pas de force à porter son âme dans
les hautes et pures régions de l'art et du
beau, s'accroît sa haine envieuse du passé;
il veut refaire le monde, trouer l'horizon.
«Le passé, voilà l'ennemi, c'est ce qui me
fait m'écrier dans toute la sincérité de mon
âme : *On mettrait le feu aux bibliothèques et
aux musées, qu'il y aurait pour l'humanité,
non pas pertes, mais profit et gloire.* »

Puis cet impuissant descend de sa borne
de carrefour, plonge ses mains dans la boue
qu'il jette avec des crachats et des blas-
phèmes à la face de ces génies qui ont
sillonné les siècles en laissant derrière eux
une clarté resplendissante ; le nain se révolte contre les géants du progrès: « Dieu
ne me gêne pas, dit-il; il n'y a que Jésus-
Christ que je ne puis souffrir, comme toutes
les réputations surfaites. Pardieu ! moi
aussi je serais allé, avec ma toupie dans
ma poche, à une mort pareille, si elle avait
dû me donner l'immortalité. »

Pour lui, en littérature les hommes de
génie sont des hommes providentiels et il
n'en veut pas plus en littérature qu'en

politique. Il prétend que chacun porte en soi un chef-d'œuvre et que conséquemment il n'a pas besoin de ceux que fait tel ou tel individu soi-disant de génie.

Qui ne se rappelle son fameux article contre l'antiquité classique, où il s'écrie : « Assez de solennité comme cela ! Au diable Hugo, qui n'est qu'un superbe monstre, la tête et la poitrine vides, sans cerveau ni cœur. Molière est ennuyeux, Dante est ridicule, Shakespeare n'est qu'un premier exemplaire de Hugo qui l'a retouché avec Lope de Véga. Laissez-nous tranquilles avec toute votre antiquité ! Les grands hommes sont tout simplement des usurpateurs de renommée et des voleurs d'auréoles. Il n'y a pas seulement un pape à Rome ; il y en a dix, qu'on appelle Michel-Ange, Raphaël, Brutus, Caton l'Ancien, Cicéron pois-chiche... ; ils ont à la pointe de l'outil, ébauchoir, pinceau, plume ou poignard, enlevé une gloire... ; papes de la peinturlure ou du sculpturat, du bavardage ou de l'assassinat ! A la hotte ce tas de vieilleries ! A bas le mélodieux Virgile, l'immortel Patachon, qui a fait *l'Iliade* et *l'Odyssée*. On nous a

rassasiés de gravité, de morale et de gloire !
Allons ! vive la blague ! Cascade, Hortense
Schneider. Et toi, vieil Homère, aux Quinze-
Vingts ! »

Bref, un auto-da-fé des œuvres du passé
et que la France recommence à compter
de 1833, année de la naissance de Vallès.

A l'époque où sévissait le fléau des
conférences, il voulut, lui aussi, sacrifier à
la manie du jour. Il choisit pour sujet :
Balzac, sa vie et ses œuvres. Le soir annoncé,
le monde le plus élégant et le plus fin envahit la salle du boulevard des Capucines.

Vallès parla de tout, sauf de Balzac :
il entassa les paradoxes biscornus sur les
antithèses bizarres, mêla la religion au
socialisme, accoupla Jésus et Proudhon,
culbuta l'édifice de l'ordre, *tomba* les pré-
jugés, sapa les fondements de la philoso-
phie et de la famille, égratigna la propriété
et creva les toiles de nos musées, se moqua
des héros et planta sur ces ruines accumu-
lées le drapeau social en proclamant la
souveraineté du peuple. Comme au son
de la trompette juive s'étaient écroulés les
murs de Jéricho, ainsi, à la voix puissante

du sauvage orateur, au langage original et éloquemment réaliste, s'effondrait tout le vieil édifice social.

La partie élégante de son auditoire, mystifiée et indignée, voulait s'enfuir; d'un regard et d'un mot il la rasseyait sur les banquettes. A la tribune, Vallès avec sa tête de Méduse, à la chevelure noire et formidable, posée sur un buste d'enfant, étonnait et attachait la curiosité comme un phénomène. Quand il parlait, de cette voix passionnée où parfois, comme des éclats de clairon, passaient les fauves accents de la vengeance, à la grande joie des ouvriers présents à cette bizarre conférence, tout vibrait autour de lui, depuis le verre d'eau (non sucrée), qui servait à rafraîchir ses lèvres farouches, jusqu'au commissaire de police entortillé majestueusement dans son écharpe tricolore.

Ce même soir, la police croyant à une révolte, envahit la salle et en la faisant évacuer, envoya l'orateur achever ailleurs sa valse dans les tourbillons du paradoxe.

Le conférencier rayonnait :

— Hein! les ai-je assez rudement épatés,

ces bourgeois? dit-il en sortant à un ami. Ce n'est pas fini ; ils en verront bien d'autres !

Ce ne fut pas le seul succès oratoire de notre héros.

Un soir, mécontent des consommations du Rat-Mort où il allait souvent, il entre dans un nouvel établissement où il rencontre un camarade. Il s'assied à sa table, entame une discussion à haute voix, laquelle éveille et captive bientôt l'attention des habitués, qui peu à peu se rapprochent de Vallès. C'est que personne n'a plus que lui l'observation fine, le mot à l'emporte-pièce, l'épithète spirituelle ou sanglante, le récit pittoresque et entraînant, surtout quand il est fréquemment arrosé. A minuit les auditeurs sont encore là, et les tables sont chargées de verres et de flacons vides. On a fortement consommé. Vallès se lève pour sortir, laissant à ses admirateurs le soin de payer le total des liquides bus par eux et par lui. En homme qui, d'un coup d'œil, a compris qu'un tel client serait une fortune pour lui, le maître de l'établissement s'élance à sa poursuite et lui dit :

— Dites donc, vous, vous avez l'air d'un bon garçon. Vous parlez bien. Si vous voulez venir ici tous les soirs passer quelques heures, on vous servira gratis.

O éloquence! voilà de tes tuiles.

Vallès, plus épaté qu'indigné, demanda à réfléchir.

D'une nullité complète en politique, il se fait bientôt le propagateur aveugle et inconscient des doctrines de Blanqui; mais, les directeurs des journaux cautionnés refusant d'ouvrir leurs colonnes paisibles aux tempêtes que promet de déchaîner sa prose, il rêve les ivresses et les pouvoirs dictatoriaux du propriétaire, et fonde *la Rue, le Répertoire, la Voix du peuple, le Journal de Sainte-Pélagie.* Tous ces journaux, donnés comme purement littéraires, sont, à leur naissance, invariablement condamnés par la sixième chambre, comme s'occupant de politique sans avoir au préalable satisfait à la loi du timbre et du cautionnement.

Le plus célèbre de ces organes du socialisme fut *la Rue,* journal de mensonges, de chantage, d'infamies et d'éreintements, fondé en juin 1867.

Ce n'était pas le tout de créer un journal, il fallait lui assurer de la copie. D'un coup de pied, Vallès fit sortir des collaborateurs par douzaines des brasseries et bouges du quartier Latin. Ah! dame, ce n'étaient pas des génies, mais on était de si facile composition à *la Rue!*

C'est ainsi qu'il raccola pour la plupart ces misérables sans dignité, sans foi et sans asile, ces écrivassiers politiques qui plus tard devaient jouer un rôle infâme sous la Commune.

C'est dans un caboulot de la rive gauche qu'il découvrit Cavalié, dit Pipe-en-Bois, siffleur d'*Henriette Maréchal;* le Polonais et policier Stamir, l'homme au duel sans adversaire; Longuet, Pierre Denis, Vuillaume, J.-B. Clément, Bellenger; quant à Maroteau, le poëte des *Flocons,* ce fut Vermorel qui lui en fit cadeau pour s'en débarrasser.

Le fondateur de *la Rue* se fit ainsi un état-major de poëtes incompris et déguenillés dont il s'entoura et qu'il lança comme une meute enragée contre toutes les institutions sociales.

Beaucoup de ces pauvres gens manifestaient bien quelque étonnement quand, au dixième verre d'absinthe, Vallès leur disait avec des airs mystérieux :

— Vous crevez de faim et de soif, je veux réparer la faute de la société qui, de connivence avec votre famille, a *oublié* de vous remplir les poches de pièces de cent sous, cette bête féroce, comme a dit Mürger; vous êtes de bons enfants, des patriotes sincères, et il me plaît que vous mangiez et buviez tous les jours.

— Et pour cela que faudra-t-il faire? demandait le misérable dont le cœur battait d'aise devant cette perspective alléchante.

— Écrire des articles pour mon journal.

— Écrire des articles! murmurait le pauvre hère désappointé ; mais à peine sais-je lire. Quant à l'orthographe.....

— Tant mieux, interrompait Vallès, ça n'en sera que plus original.

Et une nouvelle tournée achevait de décider la recrue naïvement étonnée parfois qu'on la crût capable de quelque chose.

Néanmoins tout n'est pas *rose* dans les articles de *la Rue* et dans l'existence du rédacteur en chef. Ces recrues donnent bien de la copie, — beaucoup de copie même, d'ordinaire les débutants sont si heureux de se voir imprimés ! — mais si pâle, si exsangue... Entouré de ses collaborateurs dont plus d'un attend anxieusement le jugement du maître, Vallès parcourt, un matin, la liasse d'articles qui doivent remplir le prochain numéro.

—Nous avons de l'herbe, grommelle tout à coup le patron, c'est bien ; nous en avons même de trop ; ce qui nous manque, c'est un peu de sang pour donner du ton, de la couleur.

—Je ferai un incendie, dit alors le farouche Clément.

— Du feu ! très-bien ! la flamme !

— Moi, intervient timidement le jeune Maroteau (il débutait alors !), j'ai quelque chose de rouge qui vous irait peut-être.

Vallès dresse l'oreille, flairant déjà le sang, le carnage.

— C'est sur les fraises, achève le poëte des *Flocons*.

— Des fraises ! hurle le général, je veux dire le rédacteur en chef avec colère, des fraises! Imbécile! crois-tu donc que nous allons passer notre temps à faire des confitures?

Et pour se consoler de ce numéro où il y aurait trop d'herbe et seulement un peu de feu, il envoie Maroteau lui chercher un litre de rouge, sa couleur bien-aimée, la couleur de son drapeau.

Du haut des colonnes de cette feuille immonde, que l'on surnomma la *Rue du Petit-Hurleur*, Vallès professe ces infâmes doctrines dont nous avons donné quelques échantillons à propos de Dieu et des génies du monde entier, monuments éternels contre lesquels ce roquet levait la patte, et déclame ces nombreuses professions de foi où il répète : « Nous crierons : Silence aux ganaches! et peut-être bien à bas les morts! Nous attaquerons toutes les aristocraties, celles de la vieillesse et du génie ; et nous prendrons tels qu'ils sont les grands et les petits, les respectés comme les misérables! »

Malgré ces boniments, rares sont les clients dans les bureaux du charlatan et peu d'exemplaires de *la Rue* s'écoulent.

M. Alexandre Valéry, comte de Stamirowski, arrière-petit-fils d'un woyewode,
petit-fils d'un staroste, fils d'un officier
supérieur, neveu d'un aide de camp du
maréchal Ney, descendant par sa mère
d'un général français, Français lui-même
quoique Polonais, ouf!... et de plus secrétaire de la rédaction du journal *la Rue* et
fondateur du journal *l'Inflexible* à 10 francs
le numéro, a raconté longuement la farce
sinistre imaginée alors par Vallès pour
pousser à la vente de cet organe de la misère.

.... Garibaldi venait d'échouer dans sa
tentative sur Rome.

Les esprits étaient en fermentation. J'é-
tais alors secrétaire de la rédaction, c'est-
à-dire dépositaire des secrets de la *boutique*
du journal *la Rue* que le sieur Vallès avait
fondé. Mais, malgré la verve venimeuse de
son rédacteur en chef, la feuille restait
dans l'ombre. C'était une raison pour m'y
attacher davantage.

Un jour, Vallès me dit :

— Mon cher ami, — on est toujours l'ami
de Vallès lorsqu'il a besoin d'un service,
— notre *canard* ne marche pas, j'ai trouvé
cependant un moyen de *forcer la vente*.

— Quelle est votre combinaison ?

— Vous vous battez en duel.

— Avec qui ai-je l'honneur de croiser le fer ?

— Avec personne.

—Comment ! un duel et pas d'adversaire ! m'écriai-je.

— Vous vous battez et vous n'avez pas d'adversaire !

Je crus Vallès fou ; il avait toute sa raison.

Imaginer un boniment devant une caisse qui sonnait creux fut alors résolu par lui.

Sûr de mon silence, il me choisit pour complice ; dévoué, je tombai dans le piége. L'aider, ce pauvre confrère, pour moi, c'était un devoir ; hésiter une seconde, c'eût été désespérer ce malheureux !

Sa combinaison était simple, son projet me semblait ne faire tort à personne ; instrument qui devait assurer le succès de *la Rue*, je ne me doutais guère qu'il lui serait facile à un moment donné de m'accuser de fraude, ce fraudeur !

Ignoble et perfide accusation, pour laquelle il dut engager de nouvelles recrues, — sbires encore trompés par son semblant de franchise, audace de celui qui n'a plus d'honneur !

— Que voulez-vous, reprit-il, il n'y a que ça pour nous relever ; cependant pour qu'on y croie davantage, écrivez un article assez violent pour qu'il puisse motiver une rencontre ; l'article inséré, je me charge de faire passer dans les journaux, *n'importe de quelle manière*, une note ; nous inventerons des noms étrangers, la presse s'emparera de la chose ; on s'arrachera le numéro, et *la Rue* se vendra à un nombre considérable d'exemplaires.

Je me laissai convaincre, — sottise ! — L'article parut, Vallès *y collabora* ; des notes rédigées *par lui* furent transmises aux journaux et *la Rue* se vendit enfin.

Il avait eu raison, la mystification produisit son effet.

Le jour du prétendu duel, Vallès m'attendait aux bureaux de *la Rue.*

— Je viens de me battre, m'écriai-je en entrant, ainsi qu'il avait été convenu entre nous.

— Vraiment ! répliqua Vallès, vite alors du papier, envoyons la nouvelle au *Figaro*, au *Corsaire*, à *la Liberté*, à *la Situation*. Les noms, Stamir, ajouta-t-il, de votre adversaire, de ses témoins et des vôtres ?

Je lui dictai complaisamment les noms *qu'il avait inventés la veille.*

Le soir même, deux feuilles, *le Figaro* et *la Liberté*, parlaient du fameux duel, et, le lendemain, les autres journaux le commentaient avec plus ou moins de détails, *d'après les instructions de Vallès.*

Le vicomte de Cecconi avait été, soi-disant, très-grièvement blessé par moi, dans cette rencontre.

Le bruit que fit *ma victoire* fut grand, pas assez au gré de Vallès, car plusieurs jours après, il eut la bêtise de fabriquer une lettre qu'il me fit, un soir, apporter aux bureaux de *la Rue*, par un commissionnaire, et dans laquelle on m'annonçait la mort de mon adversaire.

Vallès avait pensé à tout, il y allait de son intérêt, et j'avoue qu'il m'avait parfaitement appris le rôle de dupe que j'ai joué dans cette triste comédie.

Pour celui qui ne connaît point Vallès, je crois nécessaire, avant de continuer, de placer ici un fait qui, mieux que tout autre, prouvera sa lâcheté :

Au moment de la discussion Vermorel et Cassagnac, Vallès fit, dans *la Rue*, on se le rappelle, un article complétement à l'avantage du premier ; il y traînait, en revanche, M. Granier de Cassagnac dans la boue.

Dans ledit article, une phrase surtout était à remarquer : *Se battre en duel est le plus bête et le plus lâche des courages.*

Pourquoi donc alors, monsieur, l'article paru, avez-vous eu si peur de M. Paul de Cassagnac, et pourquoi avoir recommandé à chacun de vos rédacteurs, — dans la crainte que le fils ne vînt vous demander raison de l'insulte que vous adressiez à son père, — d'acheter un gourdin pour le recevoir; pourquoi, à moi, que vous saviez dévoué à votre personne, m'avoir apporté un casse-tête pour l'assommer?...

Je n'insiste pas. Revenons maintenant au duel.

Quelques mois s'écoulèrent pendant lesquels personne ne me reprocha, sauf le juif Victor Salmon, dit Victor Noir, cette *affaire d'honneur*, lorsque parut, le 4 mars 1868, dans *le Figaro*, l'entrefilet suivant, signé : Francis Magnard :

« On n'a pas oublié sans doute que, pendant l'été dernier, on s'entretint beaucoup d'un duel suivi de blessures graves, entre le rédacteur d'un journal littéraire, d'origine étrangère et un marquis italien, ancien zouave pontifical.

«Les noms des adversaires et des témoins furent, dans quelques journaux, désignés seulement par les initiales; d'autres mirent les noms en entier.

« Depuis on n'avait plus entendu parler de cette affaire, ébruitée cependant avec assez d'indiscrétion pour que le parquet s'en mêlât. La raison en est simple.

« *Ce duel n'a pas eu lieu.*

« C'était un *boniment imaginé devant une caisse qui sonnait creux*; il n'a pas suffi, hélas! à la remplir! »

En présence de ces lignes, Jules Vallès, alors détenu à Sainte-Pélagie, au lieu de soutenir le rôle qu'il m'avait prié de jouer avec lui pour sauver sa feuille et sa caisse, envoya lâchement à M. Magnard une note d'une perfidie sans exemple depuis Judas, son maître, publiée dans *le Figaro* du 12 mars 1878.

La voici dans toute son horrible duplicité :

« Quelques lignes publiées dans un des derniers numéros du *Figaro*, ont éveillé les susceptibilités de M. Jules Vallès, en ce moment détenu à Sainte-Pélagie.

« D'un entretien, que nous venons d'avoir avec des amis à lui, qui sont également des nôtres, il résulte que c'est à tort qu'on a pu croire que M. Vallès n'était pas absolument étranger à la vilaine comédie jouée par un de ses collaborateurs, dont il s'*était débarrassé le jour même où il avait soupçonné la vérité.* »

Ainsi, ce Vallès qui avait fait appel à ma générosité, à ma pitié et qui avait exploité, — je puis le dire, — mon inexpérience des bassesses littéraires, m'abandonnait sans vergogne !

Il m'avait, osait-il dire, *remercié*, dès qu'il avait appris que ce duel folâtre, imaginé par sa rouerie besoigneuse, *n'avait pas eu lieu !*

Mais c'est moi qui, en présence de sa

mauvaise foi, lui avais envoyé précédemment ma démission, à laquelle il répondit par cette lettre :

A Monsieur Alexandre de Stamir, secrétaire de la rédaction du journal la Rue :

Nontron, mercredi.

Mon cher ami,

J'ai reçu votre lettre, elle m'étonne, la patience vous manque ; je désire au contraire que vous restiez et *mon collaborateur et mon ami.*

Je serais un ingrat si je me séparais de vous, et je considère l'ingratitude comme une lâcheté ; vous savez si je suis un lâche !

Restez, Stamir, nous vivrons en bons frères à *la Rue* ; nous n'éreinterons que les étrangers !

Du reste, à mon retour, j'arrangerai, soyez-en certain, tout cela.

Il serait beau que vous vous fâchiez pour une affaire de mise en pages. — Misère !

Envoyez-moi le numéro, j'espère qu'il sera féroce.

Adieu et croyez à mon amitié.

JULES VALLÈS.

La vérité, la voici donc :

Vallés a seul imaginé le duel. Aussi, quand je lus sa note dans *le Figaro*, je me rendis à Sainte-Pélagie pour le provoquer.

Il me répondit qu'il était étranger à tout
cela, qu'il me fallait demander raison à
M. Magnard et soutenir, *pour le sauver, lui,
Vallès,* que le duel avait eu lieu.

C'était une défaite. M. Magnard n'ayant,
en somme, dit que la vérité, sauf qu'il
ignorait que le coupable et l'instigateur en
tout ceci, était Vallès lui-même. Vallès
promit de se battre avec moi dès qu'il
serait libre. Dès qu'il fut sorti de prison, je
lui écrivis :

Paris, le 7 mai 1868.

Lorsqu'on a eu le courage d'insulter ou
de faire insulter un honnête homme, on
doit toujours avoir la loyauté de se tenir à
sa disposition ; je vous demande donc
satisfaction.

Mes témoins se rendront auprès de vous
lundi de deux à quatre heures ; j'ai le droit
de compter que vous y serez ; une cruelle
maladie explique mon retard.

A. DE STAMIR.

A cette lettre, Vallès me fit faire cette réponse par une sorte d'inconnu, quelque
chose comme le pompier du 15 mai, ou le
tartare de la paix de Sébastopol :

A Monsieur de Stamir, ancien publiciste.

Monsieur,

En réponse à votre honorée, je viens vous
informer que M. Jules Vallès, devant quitter

Paris et ayant donné congé de son loge-
ment pour se fixer, pendant l'été, en dehors
de la capitale, ne pourra se trouver lundi
au rendez-vous dont vous lui fixez le lieu
et l'heure, avec beaucoup de sans-façon,
du reste.

On aura soin de vous écrire en temps
utile *et l'on ne vous oublie pas.*

En attendant, MM. Gill, Pouvillon et moi,
qui vous avons vu et écouté à Sainte-Pélagie, nous rappelons à votre souvenir
cette délicieuse après-midi.

Croyez, monsieur et ancien publiciste,
à tous les regrets que nous avons éprouvés
en apprenant votre cruelle maladie.

Agréez mes civilités.

HENRI BELLENGER.

Je répondis aussitôt :

A Monsieur Jules Vallès.
Paris, le 9 mai 1868.

Monsieur le publiciste,

Votre réponse ne m'étonne point : je vous
savais outrecuidant et lâche.

Vous n'attendez pas mes témoins, soit !
J'irai vous chercher ; j'irai, afin de marquer
au visage le capitaine Fracasse de la littérature.

Et cela, sachez-le, au nez des braves qui
composent votre garde noble ; que vous
soyez à la ville ou à la campagne, dans le

salon ou dans la rue, ne craignant pas la boue de cette dernière.

COMTE ALEXANDRE DE STAMIROWSKI.

Je cherchai vainement Vallès partout, pendant quinze jours ; impossible de mettre la main sur lui : il avait disparu, ce brave ! comme une muscade dans la main d'un escamoteur, — comme un agent provocateur dans une bagarre !

Pas de commentaires, n'est-ce pas ?

Depuis, Stamir s'est marié, il a fait des enfants et il a envoyé dernièrement aux journaux un acte de contrition.

Que le passé soit léger à sa conscience !

La Rue vécut huit mois.

En revanche, ses autres collaborateurs témoignèrent à leur manière leur reconnaissance à Vallès qui, d'ailleurs, se montra toujours affectueux et bienveillant pour ses amis et incapable de résister à la vue d'une misère même méritée.

Vallès nous a pris battant le pavé et cherchant inutilement, depuis des années, un coin pour y écrire ce que nous avions pensé ou souffert. Il nous a ouvert son journal tout entier, à nous inconnus et pauvres. Et si nous ne nous y sommes pas fait un nom, malgré son infatigable amitié, au moins y avons-nous gagné notre pain. Vallès nous a fait vivre pendant huit mois. On n'oublie pas ces choses-là.

Et depuis, comment ces sinistres drôles ont-ils vécu ?

Après tant de journaux tués sous lui, Vallès n'en devint que plus rageur, les années venaient sans amener la fortune tant poursuivie. Alors ce fut uu déchaînement enragé contre les lois, contre les bâillonnements de la presse non cautionnée. Une fois lancé dans cette voie, il ne regarda plus en arrière ; il devint socialiste, communiste, se fit affilier à l'Internationale, et se porta comme *candidat de la misère*, contre M. Jules Simon, dans la huitième circonscription, aux élections de mai 1869.

Plus d'une fois, il aborda la tribune pour développer devant les électeurs des théories socialistes radicales avec une brutalité de langage qui causa plus de surprise que d'enthousiasme parmi les ouvriers du faubourg Saint-Antoine.

Quoique pour soutenir ses droits à la

députation, il eût publié, avec le concours de Longuet, Georges Duchêne et Pierre Denis, le journal *le Peuple* dont il parut quinze numéros, sa candidature ne fut pas acceptée ; il n'en lança pas moins cette profession de foi qui eût bien pu l'envoyer sur d'autres bancs que ceux du Corps législatif ; mais, paraît-il, l'empire l'avait déjà tâté et... Vallès garda sa liberté.

Citoyens,

Quelques-uns d'entre vous sont venus me dire : « Dans notre circonscription, la démocratie socialiste n'a pas de candidat.

« Voulez-vous la représenter ? »

Le lendemain j'étais au milieu de vous, tout fier de cet appel que m'adressaient des travailleurs.

J'ai toujours été l'avocat des pauvres ; je deviens le candidat du travail ; je serai le député de la misère.

La misère !

Tant qu'il y aura un soldat, un bourreau, un prêtre, un gabelou, un rat-de-cave, un sergent de ville cru sur serment, un fonctionnaire irresponsable, un magistrat inamovible ; tant qu'il y aura cela à payer, peuple, tu seras misérable !

Écoute encore !

Tant que l'éducation sera vendue comme elle l'est aujourd'hui, tant qu'elle sera un titre de noblesse et un passeport de parasitisme pour un petit nombre : écrivassiers de salon, bavards du barreau, pédants de l'Université, — peuple, tu seras esclave.

Veux-tu, peuple, que la misère meure et que la liberté ressuscite ?

Pour enterrer celle-là et ressusciter celle-ci, essayons tout, même d'aller au scrutin avec la chance d'une défaite.

Électeurs de la 8e circonscription,

Voulez-vous grouper autour de mon nom vos souvenirs de vaincus, vos espoirs légitimes de revendication ?

Ce nom signtfie :

Haine de toutes les servitudes ;

Mépris de toutes les aumônes ;

Droit au travail ;

Liberté ! justice !

Après cet échec, il reprend la plume et confie ses colères à de nouveaux journaux dits littéraires, pour lesquels la sixième chambre ne se montre pas plus clémente que pour leurs aînés.

Compromis dans les troubles qui suivirent nos défaites de Forbach et de Woerth, en août 1870, Vallès retourne à Mazas où il reste jusqu'au 4 septembre. Il est alors rendu à la liberté et nommé chef de bataillon, puis révoqué après la tentative insurrectionnelle du 31 octobre, à laquelle il prend une part très-active.

N'ayant plus de poste officiel, il fonde *le Cri du Peuple* qui arrive à un tirage important grâce à la modicité de son prix. Vermersch, du fond d'une ambulance où il avait réfugié ses vingt-cinq ans par horreur de la guerre et par crainte des balles prussiennes, lui envoyait des articles où parfois Vallès, avant de livrer la copie, regrettait de ne pas avoir donné les coups de ciseaux de la prudence; ah! quand les peureux s'y mettent... et qu'il n'y a pas de danger pour leur précieuse vie !...

Outre Vermersch, *le Cri du Peuple* comptait au nombre de ses rédacteurs Vuillaume et A. Humbert (rien de *la Lanterne de Boquillon*), Casimir Bouis, ancien rédacteur de *la Patrie en danger* et depuis président de la commission d'enquête que la Commune chargea de publier les papiers du gouvernement du 4 septembre, dont il parut quatre fascicules de huit pages chacun ;

H. Verlet, de *la Patrie en danger*, H. Bellenger, J.-B. Clément, depuis membre de la Commune, l'ouvrier Goulle, Pierre Denis, Carle Basset, directeur général des blindages sous la Commune, etc.

A la suppression du *Cri du Peudle* compris parmi les cinq journaux tués par l'arrêté du général Vinoy, paraît *le Drapeau*, saisi par ordre du général Valentin, préfet de police, avant la fin du tirage du premier numéro et dans lequel Vallès nous initie à ses faits et gestes.

Revenons un peu en arrière. Le 21 octobre est jugé. Un tribunal de soldats a acquitté tous ceux qui, au nom du traité conclu dans cette nuit au dénoûment sinistre, n'auraient jamais dû être arrêtés ni poursuivis. L'épée des juges du conseil de guerre a souffleté les parjures de l'Hôtel de ville, et elle les cloue, lâches et vils, au pilori de l'histoire.

Il n'y a eu, en dehors des contumaces toujours condamnés, que deux accusés frappés, Goupil et moi ; nous le sommes pour des faits que ne pouvait couvrir la convention. Je suis heureux de mon malheur, parce qu'il sert à la honte de l'Hôtel de ville et à la glorification des insurgés.

Merci, au nom de mes amis.

C'est comme homme de la Villette et de
Belleville que j'ai été condamné. Merci
encore ! Nous nous trouvâmes quatre mé-
créants sur la place publique, le 6 septembre : Oudet, Ranvier, Mallet et moi, tous
les quatre des assommés, des bâillonnés
et des affamés de l'empire. Il pleuvait ; la
pluie refroidissait déjà les larmes dans les
yeux des républicains levés vers l'horizon.
Nous avions de la mélancolie plein le cœur,
et il y avait des brouillards plein le ciel.
On regrettait presque la mansarde tran-
quille de l'exil, la cellule pavée de briques
rouges, le bureau pauvre du journal toujours menaçant, en face de cet Hôtel de
ville muet et triste, d'où ne s'échappaient
pas les cris qui soulèvent les peuples et
hurlent la victoire. Au nom de la patrie
en danger, pas un coup de tambour et pas
une sonnerie de clairon ! La place était
pleine de monde, mais elle était aussi
silencieuse et morne : quelques isolés
seulement criaient : « Mort à l'ennemi ! »
Nous nous éloignâmes désespérés et l'on
remonta vers Belleville. Là, peut-être, sur
cette terre classique de la révolte, dans ce
pays du travail pénible, on était prêt à la
bataille et l'on voulait mourir pour la
patrie. Il fallait tâter le pouls des plébéiens.
On courut à travers les rues, cherchant
une salle où convoquer le peuple ; il n'y

avait pas d'argent pour pàyer le loyer d'un soir, ni pour mettre de l'huile dans les lampes. On s'empara d'un café, je crois, en promettant au patron de lui donner comme recette les sous qui tomberaient dans une corbeille : il prêta sa salle, fournit le gaz. Nous allâmes à la plus prochaine caserne, et l'on ramena un clairon.

— Monte sur cette chaise, dit Oudet, et sonne pour la Révolution !

Il sonna, et le peuple de Belleville fut prévenu que l'on parlerait, ce soir-là aux Folies-Desnoyers, de la République et de la guerre.

On en parla.

Je sortis de ce club, frémissant d'émotion et d'espoir. Tandis que nous étions à la tribune, un coup de feu avait été tiré, et soudain des armes étaient sorties de toutes les poches. On croyait à une attaque des soudards de l'empire non désarmés, et l'on allait crânement engager la bataille, à coups de pistolet ou de couteau. Les armes disparurent sur un signe, dès qu'il fut entendu qu'il n'y avait pas à se battre. Cet enthousiasme, ce courage, ce calme, tout cela frappait ma raison et mon cœur. Je résolus de vivre au milieu de ce peuple et de choisir ce coin noir pour patrie. J'ai vécu là deux mois moins six jours ; — on me fait payer par six mois de prison ce temps d'émotions généreuses et honnêtes.

C'est injuste, mais ce n'est pas cher. J'ai pu voir de près cette population vaillante au moment du tumulte, et je suis autorisé pour la défendre.

Eh bien ! pendant ces jours où la baïonnette était reine, y a-t-il eu jamais attentat contre un homme, coup de pillage contre une maison ! Non, ce faubourg calomnié a gardé tout le temps une calme et superbe attitude ; sa torche a brillé, claire et vive comme une étoile. Les factieux ont été ceux qui devaient faire l'ordre, panser les plaies, élever l'âme et soutenir le courage de cette foule, tout d'un coup livrée à la famine et promise par la guerre à la mort. Il y a eu sur les hauteurs de Belleville et de la Villette, des hommes dont la sottise et la cruauté ont été pour les pauvres une perpétuelle injure et un éternel danger. Ce sont les révolutionnaires qui conjurèrent la tempête. Que de fois, j'ai dû empêcher des compagnies en armes, des femmes en fureur, des pauvres en délire, d'aller cerner cette mairie, d'où est partie la dénonciation qui va pendant six mois m'obliger à vivre proscrit ou prisonnier! J'en appelle à tous, à ceux même qui auraient tourné leurs fusils contre nous, un jour de bataille sociale, comme à ceux qui nous auraient fait l'honneur de combattre avec nous, la révolution a-t-elle, dans ces quartiers maudits, commis un crime, une faute, moins que cela, une brutalité? Citoyens du 191e, hommes d'honneur, j'en appelle à vous! j'en appelle à vous tous, soldats des bataillons bourgeois ou plébéiens! Il faut que Paris le sache, et que la France tout entière le sache aussi! Ce Belleville désigné à toutes les colères, à toutes les haines, et qu'on ferait volontiers même échancrer par le canon prussien, c'est un pays où l'on aime à sentir près de soi son fusil, mais c'est un pays honnête, où l'on travaille dur quand il y a de l'ouvrage, et qui ne se fâche justement que quand la besogne manque ou que le déshonneur déborde! J'ai six mois de prison pour avoir dans ce pays-là, la nuit du 31 octobre, proclamé la Commune et avoir maintenu l'ordre autour de ce drapeau de la révolution. Le jugement ajoute que j'ai séquestré un maire! Si je ne l'avais pas séquestré, il pouvait passer un quart d'heure qui lui aurait paru plus long que mes six mois.

Va pour six mois! — Ils me laisseront à Paris, je pense, et je pourrai de mes fenêtres, voir la sentinelle qui veille autour des canons, là-haut au sommet du faubourg.

JULES VALLÈS.

D'après une note du même journal, Vallès avait gagné la Belgique. A la nou-

velle de l'insurrection du 18 mars, — ce
2 décembre de la démagogie, — il revient
d'exil et se rend à l'amour de ses collaborateurs et de ses fidèles de Belleville.

Le lendemain, *le Cri du Peuple* recom-
mençait à aboyer au profit du condamné.

— Demandez *le Cri du Peuple*, par Jules
Vallès, criaient aux oreilles des passants
ahuris, dans toutes les rues et dès le matin, les petits marchands de journaux.

A quoi les commères vengeresses de la
place Vavin où avait habité Vallès, répon-
daient avec colère :

— De quoi ! *le Cri du Peuple !* il eût
mieux fait d'écouter le cri de sa mère qu'il
a abandonnée sans ressources, le misérable !

Est-ce à cette amère critique de la conduite antifiliale du farouche tribun que ce
pauvre quartier a dû plus tard d'être livré
au pétrole des incendiaires ?

A sa réapparition, *le Cri du Peuple* qui
aura contribué à ruiner le vieil adage : *Vox
populi vox Dei*, adopte un nouveau programme ; il demande que Paris devienne
ville libre, c'est-à-dire isolée comme Franc-

fort ou Brême. Voyant que la province, qui se levait toujours au dire des communeux, se couchait aussi sans avoir fait un pas pour marcher au secours de Paris, Vallès ne trouve rien de mieux que de laisser la province puisque la province abandonnait Paris à lui-même.

Ce programme admis, nous ne comprenons plus que Vallès se plaigne que l'Assemblée nationale ait refusé de siéger dans la capitale et d'y affirmer, par sa résidence même, l'unité française. Mais il ne faut pas demander de la logique aux rédacteurs du *Cri du Peuple*.

Quel triomphe pour notre héros si Versailles eût consenti à cette transformation !

Mais Versailles ne voulut pas pour Paris de ce bonheur qui eût rendu jaloux le reste de la France. L'armée des ruraux, composée de barbares, s'insurge contre Paris, cité républicaine, mais voici venir la République sociale et la victoire est assurée : « Entendez-vous, s'écrie Vallès, elle arrive à pas de géant, apportant non la mort, mais le salut. Elle enjambe par-dessus les ruines et elle crie : Malheur aux traîtres !

malheur aux vaincus! Vous espérez l'as-
sassiner; essayez! Debout entre l'arme et
l'outil, prêt au travail ou à la lutte, le
peuple attend. »

Le jour des élections municipales arrivé:
« Plus de sang versé, écrit Vallès, les fusils
au repos; on nomme les maires; on élit les
magistrats. Puis au travail. Au travail! La
cloche sonne l'ouvrage et non plus le
combat. »

Le 26 mars, Jules Vallès fut nommé, avec
Victor Clément et Langevin, conseiller du
quinzième arrondissement (Vaugirard),
par 4,403 voix sur 6,407 votants et 19,681
inscrits.

Enfin, il est donc quelque chose, le peuple
qu'il a tant flatté lui offre l'écharpe rouge
à franges d'or, en récompense de ses
basses adulations. Il rayonne dans ses
habits neufs, il n'est pas jusqu'à sa barbe
broussailleuse qui n'ait passé par les ciseaux d'un figaro. Ainsi transformé, il
n'est plus lui-même, de farouche il est
devenu conciliant, il entonne un hymne
au printemps, il chante les rayons du soleil qui dorent la gueule des canons, il se

laisse même aller à cueillir des bouquets : n'est-ce pas la fête nuptiale de l'Idée et de la Révolution ? Dans l'épanouissement de sa toilette et de sa joie, il se demande pourquoi l'on se battrait.

Il essaye alors de convaincre la bourgeoisie du parfait bonheur dont a trouvé le secret la Commune, acclamée solennellement sur la place de l'Hôtel-de-Ville : « Allons ! écrit-il, que le rez-de-chaussée et la mansarde se raccommodent ! »

Mais les canonnades des premiers jours d'avril refoulent ses idées de bonheur universel décrété par ses collègues; la fusillade l'arrache violemment à son idylle. Menacé par Versailles de redevenir encore une fois Vallès le bohème, il fait un appel aux armes pour sauver son écharpe rouge : « La garde nationale, en cas de besoin, saura retrouver son Maillard et ramener les vendeurs de patrie dans la charrette du peuple ; — il faut absolument que Paris ait sa roche Tarpéienne à côté de s pitole... »

Le 29 mars, il fut délégué à la commission de l'enseignement. Singulier choix, si l'on se souvient des doctrines professées à propos des bibliothèques dont il considérait l'incendie comme un honneur et un profit. Néanmoins, choqué des discussions absurdes auxquelles se livraient ses collègues aussi illettrés que présomptueux, il y prit rarement la parole et préférait aux discours de l'Hôtel de ville les consommations de la brasserie de la rue Saint-Séverin.

Cette brasserie est d'aspect champêtre et souriant. Un tonnelet, accroché au-dessus de la porte, sert d'enseigne. Les habitués de la pension Laveur, Eudes et ses aides de camp, Ferré et ses argousins, Tridon et ses disciples, Lebeau, Longuet et Vésinier, délégués à *l'Officiel*, Jourde, Billioray, etc., chacun avec sa chacune, en avaient fait une sorte d'annexe du buffet de l'Hôtel de ville. On y émancipait les femmes et la classe ouvrière, on y discutait l'extinction du paupérisme, des riches qui s'engraissaient de la sueur du pauvre peuple, et, tout cela en absorbant de la soupe à l'oignon, de la choucroute garnie, du jambon, arrosés de bière. D'habitude, Vallès se faisait servir des pommes de terre au lard :

— Saisies, entendez-vous, garçon?.....
saisies... comme des réfractaires !

Un soir, après avoir goûté à son régal
favori :

— Le chef ! que l'on m'envoie le chef !
commande-t-il.

Le Vatel de la rue Saint-Séverin accourt
épouvanté.

— Ce fumet, cette saveur, cette succu-
lence!... ce n'est pas naturel ! il y a quelque chose... s'écrie Vallès.

— Citoyen, il y a une cuillerée de
graisse.

L'auteur des *Réfractaires* repousse le plat
d'un geste farouche.

— Est-ce que ce n'est pas bon ? interroge
anxieusement le chef.

— Au contraire, c'est exquis, réplique
le directeur du *Cri du Peuple*, mais *je ne
saurais descendre à une transaction.*

Pendant ce temps ses collègues décré-
taient l'enseignement laïque, à l'exclusion
définitive de l'enseignement religieux et
imposaient la « méthode scientifique ex-
périmentale », en intimant aux instituteurs
l'ordre de l'appliquer à la morale. C'était le

positivisme; c'était l'irréligion qu'on prétendait imposer aux familles dans l'école publique. Nous savons d'ailleurs ce qu'on apprenait aux enfants sous le règne de la Commune : *la Marseillaise* et la fabrication des cartouches.

Vallès fut en outre adjoint à la commission des relations extérieures et à la commission de révision pour statuer immédiatement sur les jugements prononcés par la cour martiale.

Il vota contre la validation des élections communales à la majorité absolue des votants et contre le comité de salut public et se rallia au manifeste de la minorité, si vivement critiqué par Paschal Grousset.

Il est une classe privilégiée que Vallès, d'accord en cela avec tous les membres de la Commune, devait cribler de ses flèches empoisonnées, nous voulons parler du clergé. Sous prétexte d'armes cachées, les églises sont visitées, saccagées et transformées en clubs. Au couvent de Picpus, on découvre des instruments d'orthopédie qu'on déclare des engins de torture. On y trouve aussi des ossements qui passent aux yeux d'une foule égarée par des récits aussi ridicules qu'infâmes pour appartenir aux victimes d'un fanatisme aveugle. A l'église Notre-Dame-des-Victoires on fait grand scandale d'une tête de jeune fille en état de parfaite conservation ; c'était la tête — en cire — de sainte Valérie. Vallès exploita de même, avec une mauvaise foi aussi redoutable que grossière, la découverte d'anciens squelettes dans l'église Saint-Laurent.

Cependant arrive le mois de mai ; l'armée de Versailles resserre chaque jour son cercle d'investissement et chaque jour aussi marque une nouvelle défaite pour les insurgés.

M. Thiers a osé lancer *la plus belle armée du monde* contre Paris. Vallès ne s'en émeut pas outre mesure. De son bureau de rédaction il culbute les *Versaillais* et les repousse avec des pertes énormes, à tel point que Mac-Mahon, vaincu et désespéré, abandonne la partie et donne sa démission et que Ducrot est fusillé par ses soldats révoltés. Sous sa plume, deux mois durant, les fédérés, toujours victorieux, s'avancent vers le pont de Neuilly, sans toutefois l'atteindre jamais. Et le peuple ne se soulève pas indigné contre ces impudents mensonges, et le peuple croit à cet homme qui, invariablement, remporte chaque matin une victoire, et amoncelle des pyramides de cadavres, et il ne se demande pas, ce peuple que l'on dit le plus spirituel du monde, comment, en marche depuis si longtemps vers le pont de Neuilly, les fédérés enivrés... de la *poésie du triomphe* (lisez petit bleu) n'y arrivent jamais !

Notons en passant cet acte de courage sans précédent :

« Le lieutenant de cavalerie Pinaud, ayant reçu à Neuilly une balle dans la tête, ne descendit que pour la faire extraire et remonta aussitôt à cheval. »

Le but de ces mensonges est évident : relever le courage des fédérés et pousser à la résistance et à la mort ces braves gens, — boucs émissaires de tous les partis, — qui commençaient à se fatiguer de cette lutte fratricide.

Vallès essaya en outre de rallier la bourgeoisie à la Commune en lui déclarant que ni la défaite, ni l'assassinat des républicains ne sauveraient les assassins ni ne tueraient la République. « La bourgeoisie pourra aider à notre massacre, dit-il, mais nous ne serions que quelques-uns de plus au cimetière et elle roulerait, le lendemain, criminelle et ruinée, dans l'abîme. »

Il demande la levée en masse, la marche sur Versailles, l'inondation; il prétend qu'on veut escamoter la République; il rappelle les fusillades, les proscriptions de 1848; il ameute les soldats de la Commune contre Versailles, lançant d'avance sa propre condamnation dans cette exclamation :

« Voyez les Versaillais ! est-ce la guerre qu'ils vous font; non ! ce peut être le droit du combattant de frapper les combattants ses ennemis, droit qui trouve sa justification dans la mort qu'on affronte et qu'on recevra; la pluie de plomb, la grêle de mitraille, tout cela peut être barbare, sauvage; mais cela est en quelque sorte légitime, car celui qui extermine, tue pour ne pas être tué, parce qu'il se défend; mais allumer l'incendie au milieu d'une population inoffensive, faire crouler des maisons où se tiennent le vieillard, la mère qui allaite son petit, qui tueront dans la rue l'habitant qui passe, le boutiquier qui regarde au dehors, l'enfant qui joue, ceci n'est plus de la guerre, — c'est un assassinat. Ce n'est pas même l'assassinat, c'est pis encore, c'est quelque chose de plus lâche et de plus abominable, de plus criminel et de plus odieux..... »

Vous avez bien lu. Voilà ce qu'écrivait cet homme qui, quelques jours après, dans le courant de mai, lançait ces menaces :

On nous avait donné, depuis quelques jours, des renseignements de la plus haute gravité, dont nous sommes aujourd'hui parfaitement sûrs.

On a pris toutes les mesures pour qu'il n'entre dans Paris aucun soldat ennemi.

Les forts peuvent être pris l'un après l'autre. Les remparts peuvent tomber. Aucun soldat n'entrera dans Paris.

Si M. Thiers est chimiste, il nous comprendra.

Que l'armée de Versailles sache bien que Paris est décidé à tout plutôt que de se rendre.

Si l'ennemi se permet de franchir les

remparts, que chacune de nos maisons devienne une forteresse, et que Paris miné saute, s'il est nécessaire, avec l'armée royaliste.

La lettre suivante, saisie chez la maîtresse de Vésinier, jolie Allemande exerçant la profession de... rentière au quartier Bréda, a été attribuée à Vallès. Nous ne pouvons toutefois en garantir l'authenticité.

Mon cher Vésinier,

Nous entrons dans la phase décisive de la grande lutte.

Condamnés à vaincre par tous les moyens ou à périr, nous et le glorieux avenir dont nous sommes les apôtres, hésiterons-nous?

S'il y a des c...... *molles* parmi nous, qu'ils se retirent, et que le peuple, dans sa virilité invincible, en fasse justice.

D'accord avec Pyat, Delescluze et Cluseret, je compte proposer au comité secret de ce soir l'adoption de mesures radicales, terribles, pour en finir avec la réaction.

Périsse Paris, périsse la France, s'il le faut, et que l'humanité soit sauvée!

Je connais assez votre tempérament révolutionnaire pour ne pas douter de votre vote approbatif.

D'ailleurs, ce que nous hésiterions à

faire, le Comité central, qui nous surveille, le ferait sûrement ; seulement, ce serait mal fait, et nous en perdrions le bénéfice moral.

Eudes, Ranvier et Johannard se chargent de l'exécution matérielle de nos grands projets.

J'écris, en même temps qu'à vous, à *nos amis intimes du Raincy* (?), afin qu'ils se hâtent de nous envoyer les cartes en question.

Voyez Grousset, et dites-lui de se tenir prêt à aller voir « le baron (?) » suivant les ordres que lui enverra Cluseret.

Salut et égalité !

J. Vallès.

28 floréal an 79.

Voilà les épouvantables catastrophes dont était prévenu et menacé Paris et pourtant ces forfaits sont tellement monstrueux que personne n'y arrête sa pensée. C'est une menace, voilà tout, se dit-on. Hélas ! l'événement n'a que trop prouvé que pour ces hommes qui avaient courbé la capitale sous leur despotisme, aucun crime n'était impossible.

D'ailleurs, la pensée d'incendier Paris n'était pas née avec la Commune de 1871, ni même avec l'Internationale; le 3 avril 1848, Caussidière avait prononcé devant les commissaires, ces paroles sinistres :

Dites bien à vos stupides bourgeois, à vos gardes nationaux, dites-leur que, s'ils ont le malheur de se laisser aller à la moindre réaction, 400,000 travailleurs attendent le signal pour faire table rase de Paris; ils ne laisseront pas pierre sur pierre, et pour cela ils n'auront pas besoin de fusils, des allumettes chimiques leur suffiront.

C'est dans la séance de la Commune du 20 mai qu'a été officiellement décidé l'incendie des principaux monuments de Paris, incendie dont les ravages se cotent au chiffre inouï de cent trente millions cinq cent mille francs.

Ainsi que plusieurs de ses collègues, Vallès, désigné comme agent bonapartiste, fut accusé d'avoir vendu à l'empire sa conscience, sa plume et sa parole. Les incendies de nos monuments : le ministère des finances, la cour des comptes, l'Hôtel de ville et surtout les Tuileries qui renfermaient tant de documents précieux contre les turpitudes impériales, en sont presque la preuve ou du moins en font naître le soupçon. Ajoutez à cela l'assassinat du banquier Jecker qui avait tant de choses à dire sur l'expédition du Mexique et qui était décidé à parler, lorsqu'il est tombé sous la balle des fédérés.

Malgré ses chants de victoire et ces mots consolants : *Tout va bien*, que l'on trouve dans le dernier numéro du *Cri du Peuple*, depuis longtemps déjà, Vallès ne se faisait plus d'illusion ; il entrevoyait nettement l'issue fatale de la lutte ; ainsi qu'il résulte de ce curieux récit que nous détachons de *Paris-Journal*.

Comme on le sait, M. Pilotell, commissaire de police, sous la Commune, s'était présenté, le 24 avril, chez M. Polo, directeur de *l'Éclipse*, et l'avait conduit en prison, après s'être emparé toutefois du contenu de la caisse :

Pour obtenir l'élargissement de Polo, raconte le rédacteur de *Paris-Journal*, j'avais songé à m'adresser à Vallès. La concierge de l'imprimerie du *Cri du Peuple* me confia qu'il dînait d'habitude chez un marchand de vin nommé Delille, au coin de la place des Victoires. J'y fus. Sa maîtresse l'attendait, une pauvre grosse fille qui semblait désolée jusqu'aux larmes de la part que son Jules prenait dans les « bêtises de la Commune. »

— Voyez-vous, me dit-elle, il a perdu la tête depuis les élections de l'an passé. Un sieur R... lui avait persuadé de se présenter. Ce fut cet individu qui fit les frais de la chose. Jules échoua, parbleu ! Le sieur R... était un mouchard... et l'argent venait du gouvernement, qui voulait, — simplement, — jeter des bâtons dans les roues de la candidature de M. Jules Simon..

En ce moment Vallès entra. Il avait fait couper sa barbe et était habillé d'étoffe printanière avec une rosette rouge à la boutonnière, comme une fleur. L'inévitable Pierre Denis lui emboîtait le pas, fourré d'une polonaise à brandebourgs, botté à la hongroise et coiffé d'un bonnet de loutre.

En m'apercevant :

— Voulez-vous me remplacer à l'Hôtel de ville ? me demanda Vallès brusquement.

— Merci, lui répondis-je en plaisantant, je n'ai pas envie de me créer des titres pour être fusillé plus tard.

Il ôta son paletot, son chapeau et son gilet. Ses épais cheveux noirs dégouttaient de sueur ; ses yeux brûlaient de fièvre, sa poitrine haletait et hoquetait comme un soufflet de forge...

— Quel métier ! s'écria-t-il. Moi qui suis si paresseux ! Ces gens-là me rendront enragé ou fou! Séance le jour! Séance la nuit! et pourquoi faire? L'éloge de Babeuf ou d'Anacharsis Klootz! Tenez, l'armée de Versailles nous arrache heure par heure un lambeau de terrain, de muraille et d'espoir. Eh bien! nous sommes convoqués ce soir pour délibérer sur une proposition de Courbet qui menace de donner sa démission, si l'on ne supprime Dieu par décret...

Je lui exposai le but de ma visite. Il repartit en roulant au-dessus de son assiette une prunelle de fauve sur sa proie.

—Je ne me mêlerai pas de cette affaire ; j'ai besoin de ménager Rigault ; on m'accuse de tiédeur. Il faudra bientôt mettre le feu à la moitié de Paris pour ne pas devenir suspect à l'autre moitié. J'ai la main prise dans l'engrenage de la machine : le reste du corps y passera.

— Donnez un coup de hache et coupez le bras.

— J'y ai songé plus d'une fois ; mais X..., qui m'a fourni des fonds pour établir mon *canard*, et qui en partage les bénéfices, s'y oppose au nom de nos intérêts réciproques. Si je me retire de la Commune, *le Cri du Peuple* cesse de paraître : Delescluze et Pyat, qui sont furieux de son tirage, le tueront pour engraisser *le Réveil* et *le Vengeur*. Toutes les suppressions de journaux, histoire de concurrence et de boutique !

Il parlait par saccades, en mangeant

avec une avidité sauvage. Au dessert, il
dit au garçon :

— Allez me chercher n'importe quoi *à la
crème*, — un fromage, — des gâteaux, —
un saint-honoré.

— Un honoré, rectifia le farouche Denis,
qui, au bout de la table, achevait une ome-
lette et *le Premier-Paris* du *Cri du Peuple*.

— C'est vrai, fit Vallès, il n'y a plus de
saints. Si l'on m'avait entendu là-bas !. ..

Il fit apporter des cigares.

— Depuis quand fumez-vous ? lui demandai-je.

— Depuis que je suis dans la fournaise.
Ça m'étourdit. D'ailleurs, nous fumons
tous, nous autres, au Luxembourg, au
Louvre, aux Tuileries, — pour mieux cra-
cher sur l'empire.

Je le regardai entre les deux yeux :

— Voyons, comment tout cela finira-t-il ?

— Oh ! de la façon la plus simple : Cluseret ou un autre vendra une porte aux
Versaillais, et, l'un de ces matins, l'on nous
cueillera dans nos lits... un joli bouquet
pour Cayenne ! J'espère être prévenu à
temps ; ma malle est faite ; je file en Suisse
ou en Belgique. Avant six mois il y aura
en France un changement de gouvernement qui amènera une amnistie. Alors, je
rentre ; ma popularité me fait nommer député ; je siége sur les bancs de l'opposi-
tion... modérée, et, ma foi...

L'auteur de la *Rue* et des *Réfractaires* eut un singulier sourire :

— On ne sait pas... Tout est possible..... Voyez ce qu'est devenu Picard.

Je me levai, — abasourdi.

— Venez donc me voir à l'Hôtel de ville, me dit Vallès en prenant congé.

— Monsieur le ministre de l'intérieur, fis-je, j'attendrai que Votre Excellence se soit installée place Beauvau.

Le 22 mai, les troupes régulières s'emparaient de la mairie de Vaugirard que Vallès ne quitta qu'en pleurant et en poussant des rugissements de rage impuissante.

Le 23 mai, il accourut au cabinet de lecture que tient mademoiselle Morel, rue Casimir-Delavigne, et où il venait souvent travailler.

Il arriva, en nage, la figure bouleversée, les vêtements débraillés, raconte M. Riche-pin. Sous ses épais cheveux noirs plaqués sur son front par la sueur, sa tête sans barbe avait l'air d'être plus petite qu'à l'ordinaire. Tout y était contracté ; les lèvres agitées, le nez pincé, l'œil tout en fièvre, il respirait bruyamment et parlait à mots entrecoupés d'une voix haletante :

«Il faut en finir !... c'est donc fini !... Voilà la fin ! » Ce mot revenait comme une obsession. Puis, violemment, avec de grands gestes fous : « Paris brûlera ! Ils y seront grillés comme des cochons ! On le refera avec la sociale ! nous verrons bien !...»

Deux vieux lecteurs tout effrayés, auxquels il s'adressait, essayèrent de le calmer un peu. On lui parla de se sauver ; on lui dit que s'il restait là il se ferait prendre et fusiller : «Je m'en f..., répondit-il, je le savais bien avant de m'y mettre ! » Puis il se radoucit, parla des bonnes journées de lecture qu'il avait passées ici, à cette table, dans ce coin. « C'était le bon temps ! Et cependant j'ai été rudement malheureux dans ce temps-là ! » Il n'avait qu'un regret : un héritage de 15,000 francs lui était tombé du ciel, il n'avait pas eu le temps de s'occuper de la régularisation des pièces. C'était le legs d'un vieux monsieur sans parents, qui avait laissé cela à Vallès par admiration pour ses articles d'autrefois. Voilà de l'argent bien à moi, répétait Vallès avec plaisir. Et dire que je ne peux pas le donner à ma vieille mère ! Pauvre femme ! cela lui aurait fait du bien ! J'aurais dû aller la voir plus souvent ; il y a si longtemps que je ne suis retourné au Puy.» Le malheureux garçon s'attendrissait à ce cruel souvenir ; les larmes de son cœur lui montaient aux yeux. A ce moment entra sa maîtresse comme affolée.

— Viens, Jules, viens-t-en ! ils vont te tuer ! viens avec moi !

Et elle l'entraîna dans la rue.

— Il faut bien que j'aille à l'Hôtel de ville, dit-il, tout n'est pas fini encore !

— Non, je ne veux pas que tu y ailles !

Et les deux lecteurs d'ajouter :

— Non, n'y allez pas !

— Que voulez-vous ? répondit-il, il *faut* bien achever de brûler Paris ! c'est notre devoir.

Et il partit.

Alors était venu le moment de se souiller des plus épouvantables forfaits ; les chimères s'évanouissaient devant la lugubre réalité de la défaite et du châtiment.

La bataille était dans Paris.

Vallès arriva à la barricade de la rue Saint-Jacques.

Les insurgés démoralisés avaient déjà jeté là cartouches et fusils; quelques-uns même avaient prié le marchand de vin du coin, nommé Delaborde, de leur prêter des habits bourgeois et des blouses pour regagner en sûreté leurs logis.

A son arrivée, Vallès saisit d'un coup d'œil ces signes de découragement et essaya de faire passer dans l'âme des défenseurs de la Commune l'espérance qu'il n'avait plus lui-même.

— Allons, plébéiens, leur dit-il, encore un coup d'épaule et nous briserons à jamais le collier de fer que nous a rivé le despotisme. La besogne est rude, mais non au-dessus de votre courage; songez à la récompense : d'esclaves le triomphe fera de vous des hommes, et c'est à la Commune que vous devrez votre émancipation.

Ainsi parlant, il glissa quelques pièces d'or dans la main des fédérés qui crièrent :

— Vive la Commune!

— A la bonne heure! Que ce mot soit votre cri de guerre et vous vaincrez. La journée sera chaude, citoyens; en attendant les chouans de Versailles, je vous offre une tournée.

Cette motion fut acceptée à l'unanimité. Vallès trinqua et, jetant aux siens cet adieu emphatique :

— Courage, ô fils des désespérés et bientôt vous serez des hommes libres, il quitta la barricade.

Il s'éloigna lentement : jusque-là, il avait douté du succès, maintenant il était certain de la défaite : aux environs crépitait la fusillade et tonnaient les canons. A demi vaincue, la Commune allumait ses sinistres incendies... pour se faire des funérailles dignes d'elle !...

Quelques jours après on lisait dans plusieurs feuilles : Vallès a été arrêté à la Halle au blé par un détachement de soldats de la ligne. L'officier ordonna à ses hommes de conduire sa capture au Châtelet où elle devait être incarcérée.

Arrivés sur la place :

— C'est Vallès ! s'écrièrent quelques individus qui avaient reconnu le membre de la Commune.

— A mort ! à mort ! hurla la foule.

Se voyant perdu, le prisonnier tenta un effort suprême et essaya de s'enfuir ; mais il fut arrêté dès les premiers pas.

Mis en fureur par ces cris de mort et par le chassepot des soldats, Vallès sauta à la gorge de l'officier et faillit l'étouffer dans une étreinte désespérée; mais les coups de crosse des lignards, les coups de poing et les coups de canne de la foule exaspérée, le forcèrent à lâcher prise.

Vaincu, il était hideux, sa lèvre froncée par la rage découvrait des dents menaçantes; on eût dit d'un chien enragé. Il ressemblait alors à merveille à cette caricature qui le représente avec cette légende : *Mords-les, Vallès!*

O cruelle leçon! c'étaient ces hommes dont il s'était fait le courtisan ; c'était ce peuple qu'il avait flatté jusque dans ses vices qui demandait sa mort!

Les soldats entraînèrent le misérable, poursuivi de cris de malédiction. Dans la rue étroite des Prêtres-Saint-Germain-l'Auxerrois, Vallès tenta de nouveau de s'enfuir. Pour la seconde fois, il se précipita sur l'officier. Un soldat lui asséna sur la tête deux coups de crosse de fusil qui l'étourdirent. Vallès chancela ; mais ce ne fut que sous les balles qu'il tomba pour ne plus se relever.

Néanmoins des doutes s'élevèrent bientôt sur l'identité du cadavre, doutes que confirma la lettre suivante:

L'individu fusillé dans la rue Saint-

Germain-l'Auxerrois, après une tentative de résistance furieuse, n'était point Vallès.

Lorsque le corps fut relevé, un concierge de la rue Bertin-Poirée reconnut positivement l'individu pour un nommé Leconte. D'autres habitants de la rue s'approchèrent aussi du cadavre et déclarèrent que ce n'était point celui de Vallès. Ces gens connaissaient parfaitement le membre de la Commune pour l'avoir vu venir souvent chez Paschal Grousset qui avait demeuré chez une dame, rue Bertin-Poirée, 6.

L'individu fusillé était plus jeune que Vallès et portait des manchettes avec des boutons aux initiales : L. C.

Quoi qu'il en soit, que Vallès ait eu le temps de mettre à exécution le projet de fuite dont il avait parlé au rédacteur de *Paris-Journal,* qu'il ait pu gagner la Suisse, l'Amérique ou l'Angleterre, ou qu'il ait été réellement fusillé, déjà pour lui a commencé le jugement sévère de l'histoire :

Un bâtard de Marat, Jules Vallès, dans *le Cri du Peuple,* vociférait la haine et la rage, a dit M. Paul de Saint-Victor. Bohème de lettres, aigri par une jeunesse misérable, affolé d'orgueil, ulcéré d'envie ; sa poche à fiel crevée s'était répandue dans son style. Son talent réel, mais lugubre, avait les grimaces et les contorsions d'un damné. Avant de hurler contre la société, il avait aboyé contre le génie... L'abîme appelle l'abîme, le blasphème intellectuel appelle le forfait social. L'incendiaire couvait sous l'énergumène. Après avoir craché sur *l'Iliade,* il est tout simple qu'on veuille brûler le Louvre et faire sauter Notre-Dame.

L'impartialité nous oblige de protester contre la conclusion de ce jugement. Si pour le crime la loi et l'histoire ont des châtiments, au fond des consciences pour le repentir doit naître la miséricorde.

Nous avons parlé du départ de Vallès de la barricade. Dans le parcours de la rue Saint-Jacques à la mairie du cinquième où il se retira, Vallès fut-il épouvanté de l'œuvre des incendiaires? Sentit-il tout à coup son âme trop étroite pour contenir l'ivresse infâme de la vengeance et le remords immense de ce crime inutile et inouï? Que se passa-t-il au fond du cœur aigri de cet homme? Eut-il regret de sa vie dévoyée? Nul ne pourrait le dire.

Pourtant, après avoir poussé aux incendies, Vallès, d'accord avec Régère, se se-

rait, dit-on, opposé ensuite à l'exécution
d'ordres envoyés à des officiers de fédérés
de brûler le Panthéon et le Luxembourg et
aurait prévenu par son énergie d'immenses
désastres.....

Certes, plus d'une fois Vallès a soulevé notre indignation, non-seulement parce qu'il
s'est insurgé contre un gouvernement issu
en somme du suffrage universel, mais surtout parce que, semblable à ces hommes
dont parle Montaigne, qui, « nécessiteux
d'honneur, *bisognosi d'onore*, et estants en
grande faim et disette de réputation, la
cherchent à quelque prix que ce soit, même
au prix du sang et de l'honneur, » il a ex-
cité le peuple aux massacres de la guerre
civile; — parce que, sans conviction, par
fanfaronnade, sans avoir au cœur cette
haine sauvage dont semble animée sa
plume, il a mis dans des mains inconscien-
tes la torche incendiaire; — parce qu'il était
de ces prétendus républicains socialistes
qui, en petit comité, se moquaient des ouvriers, sauf ensuite dans leurs articles,
écrits sur des tables chargées de vin, d'absinthe et de bière, à ameuter les prolétaires

contre les patrons et les bourgeois égoïstes ;
—parce que, doté d'une riche imagination
et d'un réel talent, il ne les a fait servir
qu'à la haine impie du beau et du bien ; —
parce que la cruauté à froid est infâme,
criminelle ; — parce qu'enfin il fut de ce
gouvernement bâtard dont le règne san-
glant n'a produit ni un acte honnête ni un
homme d'honneur.

Oui, Vallès a voulu se venger. Et de
quoi ? De ce que, sans travail, il n'a pu ar-
river à conquérir une place honorable dans
la république des lettres ; de ce qu'aigri
par les discussions stériles des brasseries et
sentant venir l'âge, son orgueil n'avait en
somme aucune œuvre virile à revendiquer.

Et pourtant assez rares sont les écrivains
pour regretter qu'il eût succombé dans la
lutte.

Jeune encore, s'il a échappé aux massacres, peut-être comprendra-t-il qu'il y a
mieux à faire qu'à insulter les génies, à
demander l'incendie des bibliothèques et
la déchéance de Dieu. S'il aime réellement
le peuple, s'il a sondé la plaie béante du
corps social, qu'il quitte ses allures et ses

boniments de charlatan, les charlatans n'ont jamais rien guéri.

Qu'il travaille surtout au lieu de dépenser sa verve mordante, son talent incontestable, dans les discussions stériles des brasseries; qu'il aide de son exemple, de sa parole et de sa plume retrempée la laborieuse tâche du prolétaire, — cet éternel sacrifié d'une organisation sociale imparfaite, cet esclave d'un labeur ingrat, qui déjà secoue, par le travail intelligent et par l'instruction, le fardeau inique d'une chaîne honteuse que lui a jetée au cou l'égoïste capital.

Affranchi enfin, le travail ne serait plus un châtiment, mais un devoir.

FIN

Paris. — Typ. Rouge frères et Comp., rue du Four-St-Germ., 43.

www.ingramcontent.com/pod-product-compliance
Lightning Source LLC
Chambersburg PA
CBHW070131100426
42744CB00009B/1798